全国建设行业职业教育任务引领型规划教材

房地产估价操作实务

(房地产类专业适用)

主编 韩现国
主审 巢丽萍

中国建筑工业出版社

图书在版编目（CIP）数据

房地产估价操作实务／韩现国主编．—北京：中国建筑工业出版社，2008

全国建设行业职业教育任务引领型规划教材．房地产类专业适用

ISBN 978-7-112-10144-3

Ⅰ．房… Ⅱ．韩… Ⅲ．房地产－价格－评估－职业教育－教材 Ⅳ．F293.35

中国版本图书馆CIP数据核字（2008）第179540号

本书简要介绍了房地产估价的基本知识，结合工作任务讲述了房地产估价的准备知识、估价程序和原则、主要的房地产估价方法及应用以及估价报告的撰写与使用等内容。

本书适于用作职业院校房地产类专业房地产估价课程教材，也可用于房地产评估公司中初级工作人员培训教材。

* * *

责任编辑：张　晶　朱首明
责任设计：赵明霞
责任校对：兰曼利　王　爽

全国建设行业职业教育任务引领型规划教材
房地产估价操作实务
（房地产类专业适用）

主编　韩现国
主审　巢丽萍

*

中国建筑工业出版社出版、发行（北京西郊百万庄）
各地新华书店、建筑书店经销
北京嘉泰利德公司制版
北京市密东印刷有限公司印刷

*

开本：787×1092毫米　1/16　印张：6¾　字数：170千字
2009年1月第一版　2017年8月第五次印刷
定价：16.00元
ISBN 978-7-112-10144-3
（16947）

版权所有　翻印必究
如有印装质量问题，可寄本社退换
（邮政编码　100037）

教材编审委员会名单

(按姓氏笔画为序)

王立霞　刘　胜　刘　力　刘景辉　苏铁岳
何汉强　邵怀宇　张怡朋　张　鸣　张翠菊
周建华　黄晨光　游建宁　温小明　彭后生

序　言

根据国务院《关于大力发展职业教育的决定》精神，结合职业教育形势的发展变化，2006年底，建设部第四届建筑与房地产经济专业指导委员会在建筑经济管理、房地产经营与管理、物业管理三个专业中开始新一轮的整体教学改革。

本次整体教学改革从职业教育"技能型、应用型"人才培养目标出发，调整了专业培养目标和专业岗位群；以岗位职业工作分析为基础，以综合职业能力培养为引领，构建了由"职业素养"、"职业基础"、"职业工作"、"职业实践"和"职业拓展"五个模块构成的培养方案，开发出具有职教特色的专业课程。

专业指导委员会组织了相关委员学校的教研力量，根据调整后的专业培养目标定位对上述三个专业传统的教学内容进行了重新的审视，删减了部分理论性过强的教学内容，补充了大量的工作过程知识，把教学内容以"工作过程"为主线进行学科的整合、重组，开发出一批"任务型"的教学项目，制定了课程标准，并通过主编工作会议，确定了教材编写大纲。

"任务引领型"教材与职业工作紧密结合，体现职业教育"工作过程系统化"课程的基本特征和"学习的内容是工作，在工作中实现学习"的教学内容、教学模式改革的基本思路，符合"技能型、应用型"人才培养规律和职业教育特点，适应目前职业院校学生的学习基础，值得向有关职业院校推荐使用。

建设部第四届建筑与房地产经济专业指导委员会

前　言

本书是一本职业院校房地产类专业教材。在编写模式上打破了过去依据学科体系编排的思路，采用任务引导型的编写模式，即以任务目的作为引导，以预先设定的任务背景为依托，将房地产估价操作的各项技能要求设定为一项项具体任务，根据完成任务的步骤组织教材内容。

本着理论够用、技能为重的原则，本书在简要介绍房地产估价的基本理论的基础上，力图通过任务过程的学习引导学生掌握从事房地产估价的基本技能。全书共设有9项任务：准备知识的学习（任务1）、收集估价资料（任务2）、获取估价业务（任务3）、准备实施评估项目（任务4）、评估住宅房地产转让价格（任务5）、评估商业房地产投资价值（任务6）、评估工业房地产抵押价值（任务7）、评估待开发房地产投标参考价格（任务8）、撰写及使用估价报告（任务9）。其中任务5至任务8是平行关系，它们与其他任务存在逻辑上的先后顺序，建议学习时按照任务顺序进行阅读。

本书由韩现国担任主编，赵国红为副主编，其中任务1至任务5由韩现国编写，任务6至任务9由赵国红编写。

广州市土地房产管理学校温小明校长、黄志洁副校长对本书的编写极为重视，并给予了大力支持，江苏省常州市鑫洋房地产评估有限公司巢丽萍副总经理审阅了本书并提出了具体的修改建议，常州建设高等职业技术学院彭后生副教授、天津国土资源和房屋职业学院张怡朋副院长也提出了很多宝贵的意见，在此一并致以衷心的感谢。

本书在任务引领型教材的编写模式上是一种尝试，加之水平有限，书中错漏之处，恳请广大读者予以批评指正。

目录 CONTENTS

任务1 准备知识的学习 ·· 1
  过程1.1 了解房地产估价机构 ································· 1
    1.1.1 了解什么是房地产估价 ····························· 1
    1.1.2 了解房地产估价的估价目的 ························· 2
    1.1.3 了解房地产估价机构资质管理的有关规定 ············· 2
    1.1.4 了解房地产估价机构估价活动的有关管理规定 ········· 3
    1.1.5 了解违反《房地产估价机构管理办法》的法律责任 ····· 4
    1.1.6 了解房地产估价机构的具体情况 ····················· 5
  过程1.2 认识房地产和房地产价格 ····························· 6
    1.2.1 从专业角度认识房地产 ····························· 6
    1.2.2 了解估价对象房地产的存在形态 ····················· 7
    1.2.3 了解估价对象房地产的类型 ························· 7
    1.2.4 认识各种房地产价格类型 ··························· 9
    1.2.5 了解影响房地产价格的因素 ······················· 12

任务2 收集估价资料 ·· 15
  过程2.1 明确收集资料的内容 ································ 15
    2.1.1 日常市场调查 ··································· 16
    2.1.2 个案市场调查 ··································· 16
  过程2.2 收集所在城市房地产价格水平及走势方面的资料 ········· 17
    2.2.1 房地产均价和房地产价格指数 ····················· 17
    2.2.2 收集所在城市房地产均价和房地产价格指数 ········· 17

过程 2.3　收集所在城市的基准地价 …… 18
过程 2.4　收集所在城市房屋租金参考价 …… 19
过程 2.5　收集交易实例 …… 21
　　2.5.1　了解收集交易实例的途径 …… 21
　　2.5.2　制作交易实例调查表 …… 21
　　2.5.3　建立交易实例库 …… 23
过程 2.6　收集当地的建筑工程造价信息 …… 24
过程 2.7　收集当地房地产交易税费 …… 25

任务3　获取估价业务 …… 29
过程 3.1　获取估价业务 …… 29
　　3.1.1　房地产估价业务来源 …… 29
　　3.1.2　与客户洽谈 …… 30
　　3.1.3　明确估价基本事项 …… 30
过程 3.2　签订评估委托合同 …… 31
　　3.2.1　房地产估价委托合同的内容 …… 31
　　3.2.2　签订评估委托合同 …… 32

任务4　准备实施评估项目 …… 34
过程 4.1　实地查勘 …… 34
过程 4.2　拟定估价作业方案 …… 37
　　4.2.1　确定估价技术路线 …… 37
　　4.2.2　预计所需的时间、人力 …… 38
　　4.2.3　确定估价作业步骤和时间进度安排 …… 38
过程 4.3　收集估价项目所需资料 …… 39
过程 4.4　选定估价方法 …… 42

任务5　评估住宅房地产转让价格 …… 43
过程 5.1　明确测算的步骤 …… 43
　　5.1.1　市场法的基本原理 …… 43
　　5.1.2　确定测算的步骤 …… 44
过程 5.2　选取可比实例 …… 44
　　5.2.1　明确选取可比实例的要求 …… 44
　　5.2.2　选取估价对象的可比实例 …… 45
过程 5.3　建立价格可比基础 …… 46
　　5.3.1　建立价格可比基础的要求 …… 46
　　5.3.2　为可比实例建立价格可比基础 …… 46

过程 5.4　进行交易情况修正 ·· 46
　　5.4.1　分析造成成交价格偏差的因素 ································ 47
　　5.4.2　进行交易情况修正 ·· 47
过程 5.5　交易日期调整 ··· 48
　　5.5.1　了解交易日期调整的含义 ·· 48
　　5.5.2　进行交易日期调整 ·· 48
过程 5.6　房地产状况调整 ··· 50
　　5.6.1　明确房地产状况调整的内容 ···································· 50
　　5.6.2　房地产状况调整的方法 ·· 50
　　5.6.3　进行房地产状况调整 ·· 51
过程 5.7　求取比准价格 ··· 51
　　5.7.1　求取某个与可比实例对应的比准价格的方法 ········ 51
　　5.7.2　求取可比实例比准价格 ·· 51
过程 5.8　求取最终比准价格 ··· 52
过程 5.9　确定评估价格 ··· 52

任务6　评估商业房地产投资价值 ·· 54
过程 6.1　明确测算的步骤 ··· 54
　　6.1.1　收益法的基本原理 ·· 54
　　6.1.2　确定测算的步骤 ·· 56
过程 6.2　预测商铺的年净收益 ··· 56
　　6.2.1　净收益测算的基本原理 ·· 56
　　6.2.2　区分实际收益与客观收益 ·· 56
　　6.2.3　测算净收益 ·· 57
过程 6.3　估算待估房地产的报酬率 ······································· 58
　　6.3.1　了解估算报酬率的方法 ·· 58
　　6.3.2　估算报酬率 ·· 58
过程 6.4　选取合适的公式求算收益价格 ······························· 58
过程 6.5　评估价格的审核 ··· 59

任务7　评估工业房地产抵押价值 ·· 60
过程 7.1　确定成本法评估的操作步骤 ··································· 61
　　7.1.1　明确房地产价格的构成 ·· 61
　　7.1.2　明确成本法基本原理 ·· 61
　　7.1.3　确定成本法的操作步骤 ·· 61
过程 7.2　求算土地重新取得价格 ··· 62
　　7.2.1　求算土地重新取得价格的思路 ································ 62

  7.2.2 采用基准地价修正法求取土地重新取得价格 …………… 62
  7.2.3 采用市场法求取土地重新取得价格 …………………… 62
 过程7.3 测算建筑物重新购建价格 ……………………………………… 63
  7.3.1 求取建筑物重新购建价格的方法 ……………………… 63
  7.3.2 测算建筑物重新购建价格 ……………………………… 64
 过程7.4 测算建筑物折旧 ………………………………………………… 64
  7.4.1 明确折旧的含义 ………………………………………… 64
  7.4.2 了解计算折旧的方法 …………………………………… 64
  7.4.3 土地使用年限对建筑物经济寿命的影响 ……………… 65
  7.4.4 计算折旧 ………………………………………………… 65
 过程7.5 求取积算价格 …………………………………………………… 66

任务8 评估待开发房地产投标参考价格 …………………………………… 67
 过程8.1 明确假设开发法评估的操作步骤 ……………………………… 67
  8.1.1 明确假设开发法的基本原理 …………………………… 67
  8.1.2 明确假设开发法评估的操作步骤 ……………………… 68
 过程8.2 选择最佳的开发利用方式 ……………………………………… 68
 过程8.3 求取开发周期 …………………………………………………… 69
  8.3.1 开发经营期的含义 ……………………………………… 69
  8.3.2 求取开发经营期的目的和方法 ………………………… 70
  8.3.3 求取待开发房地产的开发周期 ………………………… 70
 过程8.4 求取开发完成后的房地产价值 ………………………………… 70
  8.4.1 开发完成后的房地产价值的含义 ……………………… 70
  8.4.2 预测开发完成后的房地产价值 ………………………… 70
 过程8.5 测算开发成本、管理费用 ……………………………………… 71
 过程8.6 测算销售费用和销售税费 ……………………………………… 71
 过程8.7 计算购买该块土地的税费 ……………………………………… 71
 过程8.8 计算待估房地产的投标参考价 ………………………………… 72

任务9 撰写及使用估价报告 ……………………………………………………… 73
 过程9.1 明确估价报告的撰写要求 ……………………………………… 73
  9.1.1 估价报告的概念 ………………………………………… 73
  9.1.2 对估价报告的总要求 …………………………………… 74
  9.1.3 估价报告的组成和内容 ………………………………… 74
 过程9.2 撰写估价报告 …………………………………………………… 77
 过程9.3 使用估价报告 …………………………………………………… 77
  9.3.1 审核估价报告 …………………………………………… 77

9.3.2 出具估价报告 …………………………………………………… 77
9.3.3 收取评估服务费 …………………………………………………… 77
9.3.4 估价资料归档 …………………………………………………… 78

附录1 《房地产估价机构管理办法》 ………………………………… 80
附录2 住宅房地产转让价格评估报告样例 …………………………… 90
参考文献 ……………………………………………………………… 97

任务 1
准备知识的学习

[任务目标]
(1) 理解房地产估价的含义。
(2) 了解房地产估价机构资质管理的有关规定。
(3) 了解房地产估价机构管理办法的有关规定。
(4) 能从实物、区位和权益三方面认识房地产。
(5) 能按不同标准对房地产进行分类。
(6) 能区分不同的房地产价格类型。
(7) 能分析供求因素对房地产价格的影响。
(8) 了解影响房地产价格的因素。

[任务背景]
刘小评准备到一家房地产估价有限公司工作，为了对估价公司和可能要面对的工作对象有较清晰的认识，他在房地产估价论坛上进行了咨询，并查阅了有关资料，以下是他了解到的情况。

过程 1.1 了解房地产估价机构

1.1.1 了解什么是房地产估价

查阅《房地产估价规范》GB/T 50291—1999 "术语"部分第二条，刘小评了解到所谓房地产估价是指：专业估价人员根据估价目的，遵循估价原则，按照估价程序，选用适宜的估价方法，并在综合分析影响房地产价格因素的基础上，对房地产在估价时点的客观合理价格或价值进行估算和判定的活动。

1.1.2 了解房地产估价的估价目的

估价目的是指一个房地产估价项目的估价结果的期望用途，或者通俗一点讲，委托人得到估价结果后拿去做什么用。房地产交易、抵押、税收、征收、损害赔偿等形成对房地产估价的大量需求。例如，在土地使用权出让中，无论是出让人还是投标人、竞买人或土地使用者，都需要对出让的土地使用权进行估价，其中，出让人需要该估价为其确定招标标底、拍卖保留价或挂牌底价等提供参考依据；投标人、竞买人或土地使用者需要该估价为其确定报价或出价提供参考依据。再例如房地产买卖，对于卖者来说需要了解房地产市场价值，以确定合理的卖价，避免定价过低，或者判断买者的出价可否接受；对于买者来说也需要了解房地产市场价值，以确定合理的买价，避免付款过多，或者判断卖者的要价可否接受。除此之外，还有很多经济行为都需要进行房地产估价。

查阅《房地产估价规范》"不同估价目的下的估价"部分第一条，小评了解到常见的房地产估价目的有：

(1) 土地使用权出让价格评估；
(2) 房地产转让价格评估；
(3) 房地产租赁价格评估；
(4) 房地产抵押价值评估；
(5) 房地产保险估价；
(6) 房地产课税估价；
(7) 征地和房屋拆迁补偿估价；
(8) 房地产分割、合并估价；
(9) 房地产纠纷估价；
(10) 房地产拍卖底价评估；
(11) 企业各种经济活动中涉及的房地产估价；
(12) 其他目的的房地产估价。

1.1.3 了解房地产估价机构资质管理的有关规定

浏览住房和城乡建设部官方网站政策法规频道（网址为http://www.cin.gov.cn/zcfg/jsgz/），小评查到了一部建设部规章——《房地产估价机构管理办法》（以下简称《办法》），该办法自2005年12月1日起施行，其中对房地产估价机构的资质和估价活动均作出了相应的管理规定。根据《办法》的规定，房地产估价机构资质等级分为一级、二级、三级，国务院建设行政主管部门负责一级房地产估价机构资质许可，省、自治区人民政府建设行政主管部门、直辖市人民政府房地产行政主管部门负责二级、三级房地产估价机构资质许可，并接受国务院建设行政主管部门的指导和监督。房地产估价机构应当由自然人出资，以有限责任公司或者合伙企业形式设立。各资质等级房地产估价机构所要达到的条件如表1-1所列：

各资质等级房地产估价机构所要达到的条件　　　　　表1-1

一级	二级	三级
从事房地产估价活动连续6年以上，且取得二级房地产估价机构资质3年以上	取得三级房地产估价机构资质后从事房地产估价活动连续4年以上	
有限责任公司的注册资本人民币200万元以上，合伙企业的出资额人民币120万元以上	有限责任公司的注册资本人民币100万元以上，合伙企业的出资额人民币60万元以上	有限责任公司的注册资本人民币50万元以上，合伙企业的出资额人民币30万元以上
有15名以上专职注册房地产估价师	有8名以上专职注册房地产估价师	有3名以上专职注册房地产估价师
在申请核定资质等级之日前3年平均每年完成估价标的物建筑面积50万 m^2 以上或者土地面积25万 m^2 以上	在申请核定资质等级之日前3年平均每年完成估价标的物建筑面积30万 m^2 以上或者土地面积15万 m^2 以上	在暂定期内完成估价标的物建筑面积8万 m^2 以上或者土地面积3万 m^2 以上

此外，各级资质的估价机构还均须具备以下条件：机构名称有房地产估价或者房地产评估字样；法定代表人或者执行合伙人是注册后从事房地产估价工作3年以上的专职注册房地产估价师；有限责任公司的股东中有3名以上、合伙企业的合伙人中有2名以上专职注册房地产估价师，股东或者合伙人中有一半以上是注册后从事房地产估价工作3年以上的专职注册房地产估价师；有限责任公司的股份或者合伙企业的出资额中专职注册房地产估价师的股份或者出资额合计不低于60%；有固定的经营服务场所；估价质量管理、估价档案管理、财务管理等各项企业内部管理制度健全；随机抽查的一份房地产估价报告符合《房地产估价规范》的要求；在申请核定资质等级之日前3年内无《办法》第三十二条禁止的行为。

1.1.4　了解房地产估价机构估价活动的有关管理规定

《办法》对房地产估价机构的执业范围作出了规定：从事房地产估价活动的机构，应当依法取得房地产估价机构资质，并在其资质等级许可范围内从事估价业务。一级资质房地产估价机构可以从事各类房地产估价业务。二级资质房地产估价机构可以从事除公司上市、企业清算以外的房地产估价业务。三级资质房地产估价机构可以从事除公司上市、企业清算、司法鉴定以外的房地产估价业务。暂定期内的三级资质房地产估价机构可以从事除公司上市、企业清算、司法鉴定、城镇房屋拆迁、在建工程抵押以外的房地产估价业务。

《办法》还规定，房地产估价业务应当由房地产估价机构统一接受委托，统一收取费用。房地产估价师不得以个人名义承揽估价业务，分支机构应当以设立该分支机构的房地产估价机构名义承揽估价业务。房地产估价机构及执行房地产估价业务的估价人员与委托人或者估价业务相对人有利害关系的，应当回避。

《办法》第三十二条规定，房地产估价机构不得有下列行为：

（1）涂改、倒卖、出租、出借或者以其他形式非法转让资质证书；

（2）超越资质等级业务范围承接房地产估价业务；

（3）以迎合高估或者低估要求、给予回扣、恶意压低收费等方式进行不正当竞争；

（4）违反房地产估价规范和标准；

（5）出具有虚假记载、误导性陈述或者重大遗漏的估价报告；

（6）擅自设立分支机构；

（7）未经委托人书面同意，擅自转让受托的估价业务；

（8）法律、法规禁止的其他行为。

1.1.5 了解违反《房地产估价机构管理办法》的法律责任

对于违反上述规定的法律责任，《办法》也作了明确规定：

（1）申请人隐瞒有关情况或者提供虚假材料申请房地产估价机构资质的，资质许可机关不予受理或者不予行政许可，并给予警告，申请人在1年内不得再次申请房地产估价机构资质；

（2）以欺骗、贿赂等不正当手段取得房地产估价机构资质的，由资质许可机关给予警告，并处1万元以上3万元以下的罚款，申请人3年内不得再次申请房地产估价机构资质；

（3）未取得房地产估价机构资质从事房地产估价活动或者超越资质等级承揽估价业务的，出具的估价报告无效，由县级以上人民政府房地产行政主管部门给予警告，责令限期改正，并处1万元以上3万元以下的罚款；造成当事人损失的，依法承担赔偿责任；

（4）房地产估价机构不及时办理资质证书变更手续的，由资质许可机关责令限期办理；逾期不办理的，可处1万元以下的罚款；分支机构设置不符合《办法》规定的，由县级以上人民政府房地产行政主管部门给予警告，责令限期改正，并可处1万元以上2万元以下的罚款；

（5）违规承揽业务的、违规出具估价报告的及违规擅自转让受托的估价业务的由县级以上人民政府房地产行政主管部门给予警告，责令限期改正；逾期未改正的，可处5千元以上2万元以下的罚款；给当事人造成损失的，依法承担赔偿责任；

（6）房地产估价机构及其估价人员应当回避未回避的，由县级以上人民政府房地产行政主管部门给予警告，责令限期改正，并可处1万元以下的罚款；给当事人造成损失的，依法承担赔偿责任；

（7）房地产估价机构有《办法》第三十二条行为之一的，由县级以上人民政府房地产行政主管部门给予警告，责令限期改正，并处1万元以上3万元以下的罚款；给当事人造成损失的，依法承担赔偿责任；构成犯罪的，依法追究刑事责任；

（8）房地产估价机构擅自对外提供估价过程中获知的当事人的商业秘密和业务资料，给当事人造成损失的，依法承担赔偿责任；构成犯罪的，依法追究刑事责任。

1.1.6 了解房地产估价机构的具体情况

《办法》实施后，在规范房地产估价机构行为、维护房地产估价市场秩序、保障房地产估价活动当事人合法权益等方面，发挥了重要作用。为进一步规范房地产估价机构资质许可行为，加强对房地产估价机构的日常监管，根据建设部《关于加强房地产估价机构监管有关问题的通知》（建住房〔2006〕294号）要求，我国已着手建立并公示房地产估价机构和注册房地产估价师信用档案、及时更新信用档案信息。在住房和城乡建设部和中国房地产估价师学会的官方网站上，均可以进行房地产估价机构的查询，这给人们了解房地产估价机构的具体情况带来了很大的便利。

打开中国房地产估价师学会网站，进入了"房地产估价机构查询"页面（网址为http：//xhzhglxt.cirea.org.cn/website/gjjg.asp），如图1-1所示；选择感兴趣的省市，点击查询，看到了所选择省市范围内所有估价公司的主要情况（例如选择所在省为广东省，点击查询可以看到广东省内所有估价公司的情况），如图1-2所示；点击要查询的房地产估价机构的名称，可以看到所查询的估价公司各方面的情况，如图1-3所示。

通过浏览评估公司网站等途径，可以进一步地了解更具体的情况，例如公司概况、组织架构、公司资质、业务范围、估价流程、收费标准及联系方式等信息。

图1-1 "房地产估价机构查询"页面

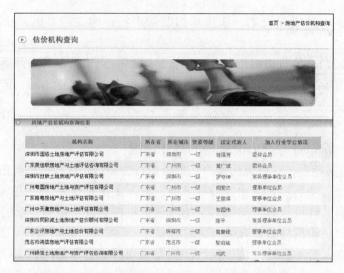

图 1-2 查询到的广东省内所有估价公司的情况

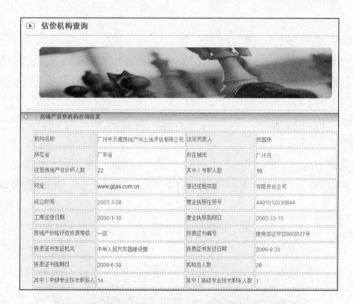

图 1-3 查询到的估价公司的具体情况

过程1.2 认识房地产和房地产价格

1.2.1 从专业角度认识房地产

从估价的专业角度来看，房地产是指土地、建筑物及其他地上定着物。它是实物、权益和区位三者的综合体。

房地产的实物，是指房地产中看得见、摸得着的部分。例如，建筑物的外观、结构、设备、装饰装修、空间布局，土地的形状、地形、地势、地质条件、基础设施完备程度、平整程度等。

房地产的权益是以房地产权利为基础的，包括：房地产所有权、使用权等自物权；限制房地产权利的抵押权、租赁权以及房地产的额外利益或收益（如屋顶或外墙面可出售或出租给广告公司做广告）等。

房地产的区位，是指房地产的空间位置。具体地说，一宗房地产的区位是该宗房地产与其他房地产或事物在空间方位和距离上的关系，除了其地理坐标位置，还包括它与重要场所（如市中心、机场、港口、码头、火车站、汽车站、政府机关、同行业等）的距离，从其他地方到达该宗房地产的可及性，从该宗房地产去往其他地方的便捷性，以及该宗房地产的周围环境、景观、配套设施等；包括所在地区的人口状况、该地区的声誉、政府提供的服务设施、学校的教学质量、犯罪率等等。房地产的区位可以从位置（或坐落）、交通、环境（包括自然环境、人工环境、社会环境、景观等）和配套设施（包括基础设施和公共服务设施）四个方面来认识。

房地产的实物和权益在价值决定中都很重要。一幢房屋，其价值既受建筑结构、设备、装饰装修、完损程度等实物状况的影响，又受产权是否完整等权益状况的影响。例如，该房屋的产权是完全产权还是部分产权（在现实中，住房的产权有商品住房、经济适用住房、以房改成本价购买的住房、以房改标准价购买的住房等不同产权），是合法建筑还是违章建筑，不同的状况，其价值就有很大的差异。所以，两宗实物状况相同的房地产，如果权益状况不同，价值就可能有很大的不同；反之，两宗权益状况相同的房地产，如果实物状况不同，价值也可能有很大的不同。

区位对价值的决定作用几乎是房地产所独有的，两宗实物和权益状况相同的房地产，如果所处位置、交通、周围环境、景观、外部的基础设施和公共服务设施等区位状况不同，价值可能有很大的差异。

1.2.2 了解估价对象房地产的存在形态

房地产虽然包括土地和建筑物两大部分，但并不意味着只有土地与建筑物合成一体时才被称为房地产，单纯的土地或者单纯的建筑物都属于房地产，是房地产的一种存在形态。归纳起来，房地产有土地、建筑物、房地三种存在形态。

1.2.3 了解估价对象房地产的类型

1. 按用途分类

房地产按用途来划分，可以分为居住房地产和非居住房地产两大类，具体可以分为下列 10 类：

（1）居住房地产。是指供家庭或个人较长时期居住使用的房地产，可分为住宅和集体宿舍两类。住宅是指供家庭较长时期居住使用的房地产，可分为普通住宅、高档公寓和别墅。集体宿舍可分为单身职工宿舍、学生宿舍等。

（2）商业房地产。是指供出售商品使用的房地产，包括商业店铺、百货商场、购物中心、超级市场、批发市场等。

（3）办公房地产。是指供处理公事使用的房地产，即办公楼，可分为商务办公楼（又称写字楼）和行政办公楼两类。

（4）旅馆房地产。是指供旅客住宿使用的房地产，包括宾馆、饭店、酒店、度假村、旅店、招待所等。

（5）餐饮房地产。是指供顾客用餐使用的房地产，包括酒楼、美食城、餐馆、快餐店等。

（6）娱乐房地产。是指供人消遣使用的房地产，包括游乐场、娱乐城、康乐中心、俱乐部、夜总会、影剧院、高尔夫球场等。

（7）工业和仓储房地产。是指供工业生产使用或直接为工业生产服务的房地产，包括厂房、仓库等。

（8）农业房地产。是指供农业生产使用或直接为农业生产服务的房地产，包括农地、农场、林场、牧场、果园、种子库、拖拉机站、饲养牲畜用房等。

（9）特殊用途房地产。包括车站、机场、码头、医院、学校、教堂、寺庙、墓地等。

（10）综合房地产。是指具有上述两种以上（含两种）用途的房地产。

2. 按开发程度分类

房地产按开发程度来划分，可以分为下列5类：

（1）生地。是指不具有城市基础设施的土地，如荒地、农地。

（2）毛地。是指具有一定城市基础设施，但尚未完成房屋拆迁补偿安置的土地。

（3）熟地。是指具有较完善的城市基础设施且土地平整，能直接在其上进行房屋建设的土地。

（4）在建工程。是指建筑物已开始建设但尚未建成，不具备使用条件的房地产。该房地产不一定正在建设，也可能停工了多年。

（5）现房（含土地）。是指建筑物已经建成，可以直接使用的房地产。它可能是新的，也可能是旧的。

3. 按是否产生收益分类

房地产按是否产生收益来划分，可以分为收益性房地产和非收益性房地产两大类。收益性房地产是指能直接产生租赁或其他经济收益的房地产，包括住宅（特别是其中的公寓）、写字楼、旅馆、商店、餐馆、游乐场、影剧院、停车场、加油站、标准厂房（用于出租的）、仓库（用于出租的）、农地等。非收益性房地产是指不能直接产生经济收益的房地产，如高级私人宅邸、未开发的土地、行政办公楼、教堂、寺庙等。

收益性房地产与非收益性房地产的划分，不是看该房地产目前是否正在直接产生经济收益，而是看这种类型的房地产在本质上是否具有直接产生经济收益的能力。例如，某套公寓或某幢写字楼目前尚未出租出去而空闲着，没有直接产生经济收益，但仍然属于收益性房地产。因为同类的公寓和写字楼大量存在着出租现象，正在直接产生经济收益，该尚未出租的公寓或写字楼的收益可以通过"市场法"来求取。收益性房地产可以采用"收益法"估价，非收益性房地产则难以采用收益法估价。

4. 按经营使用方式分类

房地产的经营使用方式主要有销售、出租、营业和自用四种。根据房地产可能的经营使用方式，可以将房地产分为下列4类：

（1）销售的房地产。
（2）出租的房地产。
（3）营业的房地产。
（4）自用的房地产。

有的房地产既可以销售，也可以出租、营业，如商店、餐馆；有的房地产既可以出租、销售，也可以自用，如公寓、写字楼；有的房地产主要是营业，如宾馆、影剧院；有的房地产主要是自用，如行政办公楼、学校、特殊厂房。

这种分类对于选择估价方法是特别有用的。例如，可销售的房地产可以采用市场法估价；出租或营业的房地产可以采用收益法估价；仅适用于自用的房地产则主要采用成本法估价。

1.2.4 认识各种房地产价格类型

1. 了解成交价格、市场价格和评估价格的关系

成交价格简称成交价，是指在一笔房地产交易中交易双方实际达成交易——买者同意付出、卖者同意接受，或者买者支付、卖者收取——的货币额、商品或其他有价物。成交价格是一个已完成的事实，通常随着交易者的财力、动机、对交易对象和市场的了解程度、购买或出售的急迫程度、讨价还价能力、交易双方之间的关系、卖者的价格策略等的不同而不同。

市场价格是指某种房地产在市场上的一般、平均水平价格，是该类房地产大量成交价格的抽象结果。

评估价格简称评估价、评估值或评估额，是估价人员对房地产价值进行测算和判定的结果。评估价格可以根据所采用的估价方法的不同而有不同的称呼，如通常将市场法求得的价格称为比准价格，将成本法求得的价格称为积算价格，将收益法求得的价格称为收益价格。

收益法求得的价格趋向于理论价格，市场法求得的价格趋向于市场价格。当房地产市场比较成熟且处于正常状态时，市场法求得的价格应当与收益法求得的价格基本一致。在房地产市场存在泡沫的情况下，市场法求得的价格会大大高于收益法求得的价格。因此，当用市场法求得的价格大大高于用收益法求得的价格时，则说明房地产市场存在着泡沫。此外，从某种意义上讲，收益法求得的价格倾向于最高买价，成本法求得的价格倾向于最低卖价，市场法求得的价格倾向于成交价格。因此，当成本法求得的价格大大高于市场法或收益法求得的价格时，说明房地产市场不景气。

评估价格不是事实,但在为交易目的而估价时,评估价格与成交价格有着密切的关系。由于房地产缺乏完全市场,房地产交易往往需要专业的房地产估价机构为交易双方提供价格参考依据,在这种情况下,房地产的评估价格往往会成为房地产的成交价格。值得注意的是,由于估价人员的知识、经验、职业道德等情况的不同,同一宗房地产,不同的估价人员评估出的价格可能不同。但合格的估价人员评估出的价格应是基本一致的,彼此之间不会有太大的差异。

可见,要求评估的是客观合理的价格,而实际评估出的可能是带有估价人员主观因素的价格,这两者又都可能与估价对象在市场上真正的成交价格不同。但从理论上讲,一个良好的评估价格应等于正常成交价格,同时也等于市场价格。

2. 了解土地价格、建筑物价格和房地价格

土地价格、建筑物价格和房地价格,是一组按照房地产的存在形态来划分的价格。

土地价格简称地价,如果是一块无建筑物的空地,土地价格即指该块土地的价格;如果是一块有建筑物的土地,土地价格则是指该宗房地产中土地部分的价格,不含建筑物的价格。

同一块土地,在估价时考虑(或在特殊情况下假设)其基础设施完备程度和平整程度等的不同(俗称"生熟"程度不同),会有不同的价格。土地的"生熟"程度主要有如下5种:①未完成征收补偿安置的集体土地,取得该土地后还需要支付征地补偿安置等费用;②已完成征收补偿安置但未完成"三通一平"或以上开发的土地;③已完成征收补偿安置和"三通一平"或以上开发的土地,如已完成征收补偿安置和"七通一平"的土地;④未完成房屋拆迁补偿安置的国有土地,取得该土地后还需要支付房屋拆迁补偿安置等费用;⑤已完成房屋拆迁补偿安置的国有土地。

有时根据土地的"生熟"程度,粗略地将土地分为生地、毛地、熟地三类,土地价格相应地又有生地价格、毛地价格、熟地价格之说。

建筑物价格是指建筑物部分的价格,不含建筑物所占用的土地的价格。人们平常所说的房价,例如购买一套商品住房的价格,通常含有该建筑物所占用的土地的价格,与这里所说的建筑物价格的内涵不同。

房地价格又称房地混合价,是指建筑物连同其占用的土地的价格,它往往等同于人们平常所说的房价。

对于同一宗房地产而言,有:

房地价格 = 土地价格 + 建筑物价格
土地价格 = 房地价格 − 建筑物价格
建筑物价格 = 房地价格 − 土地价格

3. 了解总价格、单位价格和楼面地价

总价格、单位价格和楼面地价,是一组按照房地产价格的表示单位来划分的价格。

总价格简称总价，是指某一宗或某一区域范围内的房地产整体的价格。它可能是一块面积为 500m² 的土地的价格，一套建筑面积为 200m² 的高档公寓的价格，或是一座建筑面积为 10000m² 的商场的价格，也可能是一个城市的全部房地产的价格，或是一个国家全部房地产的价格。房地产的总价格一般不能反映房地产价格水平的高低。

单位价格简称单价，其中，土地单价是指单位土地面积的土地价格，建筑物单价通常是指单位建筑物面积的建筑物价格，房地单价通常是指单位建筑物面积的房地价格。房地产的单位价格一般可以反映房地产价格水平的高低。

楼面地价是一种特殊的土地单价，是土地上建筑物面积均摊的土地价格。在现实中，楼面地价往往比土地单价更能反映土地价格水平的高低。在通常情况下，楼面地价是按照建筑面积均摊的土地价格。在这种情况下，楼面地价与土地总价的关系为：

$$楼面地价 = \frac{土地总价}{总建筑面积}$$

由此公式可以找到楼面地价、土地单价、容积率三者之间的关系如下：

$$楼面地价 = \frac{土地总价}{总建筑面积} \times \frac{土地总面积}{土地总面积} = \frac{土地单价}{容积率}$$

4. 了解买卖价格、租赁价格、抵押价值、保险价值、课税价格

买卖价格简称买卖价，是房地产权利人通过买卖方式将其房地产转移给他人，由房地产权利人（作为卖方）收取或他人（作为买方）支付的货币额、商品或其他有价物。

租赁价格通常称为租金，在土地场合称为地租，在土地与建筑物合在一起的场合称为房租，是房地产权利人作为出租人将其房地产出租给承租人使用，由出租人收取或承租人支付的货币额、商品或其他有价物。

房地产抵押价值通常是指拟抵押的房地产在委托估价时的公开市场价值扣除法定优先受偿的款额后的余额，通常具体为估价作业期间的某个日期（一般为实地查勘之日）的公开市场价值扣除法定优先受偿的款额后的余额。优先受偿的款额包括划拨土地使用权应缴纳的土地使用权出让金、发包人拖欠承包人的建筑工程价款、已担保债权数额等，但不包括强制执行费用。

保险价值是将房地产投保时，为确定保险金额提供参考依据而评估的价值。

课税价格是为课税的需要，由估价人员评估的作为计税依据的价格。

5. 了解现房价格和期房价格

房地产的现货价格是指以现状房地产为交易标的的价格。该房地产的现状可能是一块准备建造但尚未建造建筑物的土地，可能是一项在建工程，也可能是建筑物已建成的房地产，当为建筑物已建成的房地产时，即为现房价格（含土地价格）。房地产的期货价格是指以未来状况的房地产为交易标的的价格，其中最常见的是期房价格（含土地价格）。期房价格是指以目前尚未建成而在将来建成的房屋（含土地）为交易标的的价格。

在期房与现房同品质（包括质量、功能、环境和物业管理等）的情况下，期房价格低于现房价格。以可以出租的公寓来看，由于买现房可以立即出租，买期房在期房成为现房期间不能享受租金收入，并且由于买期房总存在着风险（如有可能不能按期建成，甚至出现"烂尾"，或者实际交付的品质比预售时约定的差），所以，期房价格与现房价格之间的关系是：

$$期房价格 = 现房价格 - \frac{预计从期房达到现房期间}{现房出租的净收益的折现值} - 风险补偿$$

在现实中，常常出现同地段的期房价格比现房价格高的相反现象，这主要是由于两者的品质不同，如现房的户型和环境差、功能已落后等原因。

1.2.5 了解影响房地产价格的因素

1. 认识供求因素对房地产价格的重要影响

房地产价格水平及其变动是由房地产的供给和需求这两种力量共同作用的结果，其他一切因素对房地产价格的影响，也许是通过影响房地产的供给，也许是通过影响房地产的需求，也许是通过同时影响房地产的供给和需求来实现的。从这种意义上讲，如果想知道某个政策或事件将如何影响房地产价格，应当先考虑它将如何影响房地产的供给和需求。因此，认识房地产的供给、需求及其与房地产价格之间的关系，对于房地产估价来说是十分重要的。

房地产需求是指消费者在某一特定的时间内，在某一价格水平下，对某种房地产所愿意而且能够购买的数量。

某种房地产的需求量是由许多因素决定的，除了随机因素，经常起作用的因素有：①该种房地产的价格水平；②消费者的收入水平；③消费者的偏好；④相关物品的价格水平；⑤消费者对未来的预期。当一种房地产的价格低时，当消费者的收入高时，当消费者对该种房地产的偏好程度增强时，当该种房地产的替代品价格高或互补品价格低时，当消费者预期未来的收入会增加或该种房地产的价格未来会上升时，消费者对该种房地产的当前需求通常更多；反之，消费者对该种房地产的当前需求通常更少。

房地产供给是指房地产开发商和拥有者（卖者）在某一特定的时间内，在某一价格水平下，对某种房地产所愿意而且能够提供出售的数量。

某种房地产的供给量是由许多因素决定的，除了随机因素，经常起作用的因素有：①该种房地产的价格水平；②该种房地产的开发成本；③该种房地产的开发技术水平；④房地产开发商对未来的预期。当一种房地产的价格高时，当该种房地产的开发成本低或开发技术水平提高时，当房地产开发商预期该种房地产的价格未来会下降时，该种房地产的当前供给通常更多；反之，该种房地产的当前供给通常更少。

2. 认识供求因素对房地产价格影响的不同

与房地产需求相比，房地产供给通常是缺乏价格弹性的。由于房地产的开发周期较长，当房地产价格发生变化时，房地产开发商对开发量的调整需要一定的时间。在较短的时间内，房地产开发商要根据房地产的涨价及时地增加开发量，或者根据房地产的降价及时地缩减开发量，都存在着程度不同的困难，因此，房地产供给的价格弹性是比较小的。但在较长的时间内，开发规模的扩大、缩小甚至转产都是可以实现的，供给量可以对最初的价格变动作出较充分的反应，另一方面，随着供给量的变化，价格也会朝相反的方向相应地变化，因此，供给的价格弹性也就比较大了。租房也是这样，在较短的时间内，因为出租单元的数量是固定的，需求的增加只会使租金提高，所以，供给的价格弹性是比较小的；但在较长的时间内，并且在租金缺乏管制的情况下，较高的租金会刺激人们改造现有的房屋和建造新的房屋，于是供给量就增加了，租金相应地会有所降低，供给的价格弹性也就比较大了。

3. 了解其他因素对房地产价格的影响

在现实中，房地产价格的高低是由众多的房地产价格影响因素对房地产价格综合作用的结果。因此，为作好房地产估价，估价人员必须知晓各种房地产价格影响因素，认识它们是如何以及在何种程度上影响供求进而影响房地产价格的。

（1）不同的房地产价格影响因素，引起房地产价格变动的方向是不尽相同的，有的因素降低房地产的价格，有的因素则提高房地产的价格。而对于不同类型的房地产，同一影响因素引起房地产价格变动的方向也可能是不同的。例如，某一地带有铁路，这一地带如果为居住区，铁路就可能成为贬值因素，但如果为仓储或工业区，则铁路可能成为增值因素。弄清这一点可以帮助我们把握对房地产价格进行调整的方向——是应该调高房地产价格还是应该调低房地产价格。

（2）不同的房地产价格影响因素，引起房地产价格变动的程度是不尽相同的，有的因素对房地产价格的影响较大，即随着这种因素的变化所引起的房地产价格的升降幅度较大，有的因素则影响较小。但是，随着时期、地区、房地产类型的不同，那些影响较大的因素也许会变为影响较小的因素，甚至变得没有影响；相反，那些影响较小的因素则有可能成为主要的影响因素。弄清这一点可以帮助我们把握房地产价格的调整幅度或确定各影响因素的权重。

（3）某些房地产价格影响因素对房地产价格的影响可以用数学公式或模型来量化，但更多的房地产价格影响因素对房地产价格的影响虽然可以感觉到，却难以用数学公式或模型将其表达出来。至于它们对房地产价格究竟有多大程度的影响，主要依靠估价人员长期积累的丰富经验作出量的判断。

4. 了解房地产价格影响因素的类别

房地产价格的影响因素多而复杂，需要对它们进行归纳分类。在房地产估价中人们常将影响因素分为一般因素、区域因素和个别因素三个层次。所谓一般因素，是指对广泛地区的房地产价格水平有所影响的因素，如利率、通货膨胀；区域因素，是指对某地区的房地产价格水平有所影响的因素，如环境污染、基础设施状况；个别因素，是指房地产自身状况或条件对其价格水平有所影响的因素，如土地的位置、面积、形状、地势、地质。更具体一点来说，房地产价格影响因素又可以分为下列 9 类：①自身因素；②环境因素；③人口因素；④经济因素；⑤社会因素；⑥行政因素；⑦国际因素；⑧心理因素；⑨其他因素。

[**任务拓展**]

（1）上网查找自己所在省内全部房地产评估机构的情况，分析这些公司的资质和地区分布状况。

（2）浏览中国房地产估价师与房地产经纪人学会网站（网址：http://www.cirea.org.cn），了解学会的性质、宗旨和主要业务范围，分析房地产评估公司与学会的关系。

（3）利用搜索引擎（例如 www.baidu.com）搜索并浏览所在省、市的房地产估价学会的网站，了解评估行业的最新动态。

（4）查阅《房地产估价师执业资格考试实施办法》、《注册房地产估价师管理办法》和《房地产估价师执业资格制度暂行规定》，了解有关房地产估价师考试、注册、执业方面的有关规定。

（5）按不同分类标准说出房地产的常见类别。

（6）某宗房地产土地总面积为 $1000m^2$，建筑密度为 40%，容积率为 4，若建筑物每层建筑面积相同，则该建筑物共多少层？若该宗房地产土地总价为 400 万元，则其楼面地价为多少？

（7）分析现房和期房价格差异的原因。

（8）分析各种因素对房地产价格是如何产生影响的。

任务 2

收集估价资料

[任务目标]
（1）能够明确收集估价资料的内容。
（2）了解收集估价资料的途径。
（3）会收集估价资料。

[任务背景]
小评已被广东衡立房地产评估有限公司聘用，报到后他被安排到评估一部担任估价师助理一职，经过一段时间的培训之后，他已基本熟悉了公司情况。在参与评估项目之前，业务主管安排他收集估价资料，以下是他在估价师指导下收集估价资料的情况。

过程 2.1 明确收集资料的内容

收集资料的过程也就是进行市场调查的过程。市场调查一般分为日常市场调查和个案市场调查。市场调查的途径多种多样，估价人员可以从报纸、杂志、电视、网络等媒体上搜集相关信息，也可以到政府相关部门查阅文件、资料，更为重要的手段是经常走访各类销售市场，切实落实相关信息的准确性。需要注意的问题是，对于从媒体上搜集的相关信息，一定要多重分析，做好真伪识别工作，以防误用而带来风险。

2.1.1 日常市场调查

评估公司在日常运作中应注重经常进行市场调查,有条件的机构应设立市场调查部,使机构自身的信息化建设做到信息全面、更新及时。日常市场调查的主要内容如下:

1. 市场发展方向预测信息

(1) 房地产行业的有关政策和措施。例如:有关税费调整的规定、扶持行业发展的措施、招商引资的优惠政策等。

(2) 城市发展和规划信息。房地产价格与城市发展和规划息息相关,掌握城市发展和规划信息至关重要。信息来源主要是《城市总体规划》、《城市近期规划》和城市规划部门的近期规划调整情况。

(3) 金融、经济相关信息。包括银行存、贷款利率的调整、宏观调控政策、经济增长速度的预计、股市的行情等。

2. 基础数据信息

房地产估价工作中常常需要大量的基础数据,如城镇基准地价及修正体系、标定地价、地区 GDP、物价指数、地区各类行业成本和销售利润率等等。

3. 市场成交价格信息

市场成交价格信息是日常市场调查的重要内容,是信息系统案例库的主要信息来源。由于房地产市场的特殊性,市场成交价格千差万别。在收集这类信息时,应着重考虑其代表性,从地域、区位、类型、结构等角度分别选择各种交易案例,并调查面积大小、规划设计、付款方式、交易情况等具体指标。由于房地产市场成交量大、分布地域广,并且用途、类型、结构等指标差异较大,所以在案例市场调查中无法收集全部案例,机构调查人员可在不同区位选择 3~5 个有代表性的交易案例,并时常进行案例更新,以便为个案评估提供强有力的信息支持。

4. 房屋租赁价格信息

由于房地产市场行为的多样性,宗地评估中常常需要大量的房屋租赁价格信息。房屋租赁价格信息市场调查同市场成交价格信息调查的要求一样,应从地域、区位、用途等角度选择有代表性的案例,并明确装修情况、月租金、租期、租金支付情况等指标。

2.1.2 个案市场调查

在房地产估价实践中,完成现场勘察后,针对评估对象的特点进行个案市场调查也是评估工作的一个重要环节。个案市场调查应注重把握以下两点:一是再次确认信息库中个案即将采用的信息是否与市场现状相吻合,二是对信息库中没有的相关信息进行个案市场调查。估价人员只有把握好以上两点,才能为个案评估对象收集到真实、完整、准确的信息资料,为合理选择评估方法和确保评估结果客观合理奠定良好的基础。

当然,日常市场调查和个案市场调查是紧密联系在一起的,个案市场调查是日常市场调查的重要组成部分,评估公司的技术能力提升和信息系统的充实完善,是通过长年的个案评估实践日积月累形成的。

过程 2.2 收集所在城市房地产价格水平及走势方面的资料

2.2.1 房地产均价和房地产价格指数

一个城市（地区）某类房地产的均价与价格指数是反映该城市（地区）该类房地产价格水平及走势的常用指标。其中，住宅均价等于依法登记的所有商品住房买卖合同中记载的交易总金额除以交易总面积，为全样本统计，可反映一个城市（地区）的整体价格水平和辖内交易量、交易结构的变动趋势。价格指数是在一个城市（地区）通过抽样统计的方法选取一定数量典型楼盘的交易价格，在对其涨跌幅度进行同质化处理后的加权平均数。房地产价格指数可反映一个城市（地区）在一定时期内的住宅价格平均涨跌情况。

价格指数往往用来对房地产的成交价格进行交易日期修正。城市房地产管理部门会经常公布一些这方面的信息。及时掌握这些信息，有助于评估人员对房地产不同时点的价格进行测算或估计。

2.2.2 收集所在城市房地产均价和房地产价格指数

小评打开广州市国土资源和房屋管理局官方网站，浏览其"市场分析"频道（网址为 http://www.laho.gov.cn/fwgl/scfx/），看到了广州每月、每季度、半年和年度的市场分析信息。他顺手点击其中的"2007 年 5 月广州市十区房地产市场分析"，看到了 2007 年 5 月各用途房屋月均价情况（均价单位：元/m^2），见表 2-1 所列。同时还看到了各区新建商品住宅和存量住宅月均价对比图，如图 2-1 和图 2-2 所示。还可以看到反映当月房屋价格水平和走势的 2007 年 5 月房屋销售价格指数信息，见表 2-2 所列。

广州市 2007 年 5 月各用途房屋月均价表（元/m^2）　　　表 2-1

区域	用途	住宅	商业	写字楼	工业	别墅	停车场	其他
全市	新建商品房	7823	16803	12715	4532	7206	9037	1336
	存量房	3994	7341	5036	1738	5809	3308	4806

广州市 2007 年 5 月房屋销售价格指数　　　表 2-2

项目	以上年同月价格为 100 的指数	以上月价格为 100 的指数
商品房	106.5	100.4
其中：住宅	107.1	100.6
二手房	102.2	100.9
其中：住宅	103.5	101.0

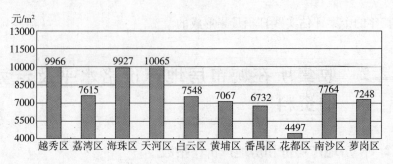

图 2-1　广州 2007 年 5 月各区新建商品住宅均价对比图

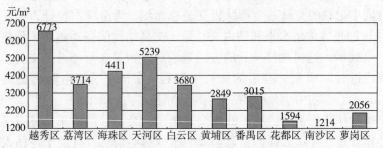

图 2-2　广州 2007 年 5 月各区存量住宅均价对比图

过程 2.3　收集所在城市的基准地价

根据中华人民共和国国家标准《城镇土地估价规程》GB/T 18508—2001，基准地价是指在城镇规划区范围内，对现状利用条件下不同级别或不同均质地域的土地，按照商业、居住、工业等用途，分别评估确定的某一估价时点上该用途土地使用权法定最高年期的区域平均价格。

了解一个城市的基准地价，可客观地反映一个城市特定区域内某种用途的土地价格水平。在有了基准地价的区域，可通过基准地价修正法来评估宗地的价格，即通过具体区位、土地使用权年限、容积率、土地形状、临街状况等的比较，由估价对象所处地段的基准地价调整得出估价对象的宗地价格。

基准地价由城市国土资源管理部门主持制定并根据实际情况定期更新。一般情况下，我们可以在城市国土资源管理部门官方网站上查到该城市的基准地价信息。

打开广州市国土房管局官方网站，点击其"基准地价"频道（网址为 http://www.laho.gov.cn/jzdj/tz.htm），可以看到由广州市国土资源和房屋管理局与广州市物价局于 2006 年 7 月 12 日颁布的《关于公布广州市国有土地使用权基准地价的通知》，从通知中可以了解到广州基准地价的情况，如图 2-3 和图 2-4 所示。

图 2-3　广州市国土房管局网站"基准地价"频道

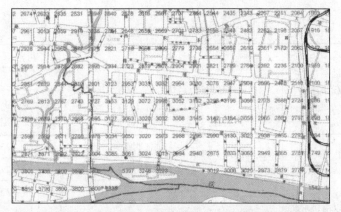

图 2-4　广州市住宅用地基准地价图（天河区珠江新城部分）

过程 2.4　收集所在城市房屋租金参考价

有的城市为加强房屋租赁市场的管理，引导房屋租赁双方公平合理地议定租金，会定期公布该市的房屋租赁参考价，这些信息将有助于我们客观地掌握该城市各类房屋的租赁价格水平。

小评打开广州市国土资源和房屋管理局官方网站，浏览其"房屋管理"频道中的"租金参考价"（网址为 http：//www.laho.gov.cn/fwgl/zjck/gong.htm），看到了广州市房地产租赁管理所于 2007 年 6 月 1 日发布的《关于公布 2007 年广州市房屋租金参考价的通知》，如图 2-5 所示。

点击其中各区的链接，可以看到各区相应的各类房屋租赁参考价。例如点击"海珠区"的链接，可以看到该区的房屋租金参考价，见表 2-3 所列。

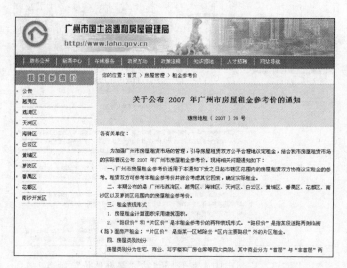

图 2-5 广州市国土房管局网站"租金参考价"频道

广州市海珠区房屋租金参考价　　　　　　表 2-3

区域	区域范围	主要地名地物	路段片区	租金（元/月·m²）					写字楼
				住宅			商业		
				低层	多层	高层	首层	非首层	
区域一	珠江以南，东晓路以西，昌岗路以北的海珠区辖地	市二宫、宝岗大道、滨江西路、滨江中路、仲恺路、革新路、宝业路、江南西路、南田路、江湾路、晓港公园	滨江西路滨江中路	18	20	25	70	30	46
			前进路	13	23	27	130	60	30
			工业大道北	15	16	32	75	30	25
			江南大道北、江南大道中、江南西路	19	22	28	280	130	35
			万国广场				185	85	
			宝岗大道	12	22	27	65	30	
			宝业路	16	18	26	80	50	36
区域二	昌岗路以南，东晓南路－广州大道南（南洲路至洛溪大桥段）以西的海珠区辖地	江南大道南、广州造纸厂、晓港中马路、江燕路、石溪、海珠客运站	工业大道中、工业大道南	15	17	24	80	40	15
			江燕路		20	22			
			石岗路		16				
			除以上路段外的其他片区	14	15	19	50	30	13

过程 2.5 收集交易实例

2.5.1 了解收集交易实例的途径

进行房地产估价,首先需要拥有大量真实的交易实例。只有拥有了大量真实的交易实例,才能把握正常的市场价格行情,才能评估出客观合理的价格或价值。所以,首先应尽可能地收集较多且真实的交易实例。

收集交易实例无需等到估价时,在平时就应留意收集和积累。只有这样,才能保证在采用具体方法进行估价时,有足够多的交易实例可供选用。

收集交易实例的途径主要有下列几个:

(1) 查阅政府有关部门的房地产交易资料。例如,房地产权利人转让房地产时向政府有关部门申报的成交价格资料,政府出让土地使用权的价格资料,政府或者其授权的部门确定、公布的基准地价、标定地价、房屋重置价格。

(2) 与房地产出售者,如业主、房地产开发商、房地产经纪人等洽谈,获得其房地产的要价资料。

(3) 查阅报刊、网络资源上有关房地产出售、出租的广告、信息等资料,进一步获得其交易资料。

2.5.2 制作交易实例调查表

收集内容完整、真实的交易实例,是提高估价精度的一个基本保证。在收集交易实例时应尽可能收集较多的内容,一般应包括:①交易双方的基本情况和交易目的;②交易实例房地产的状况,如坐落、用途、土地状况、建筑物状况、周围环境、景观等;③成交日期;④成交价格;⑤付款方式;⑥交易情况,如交易税费的负担方式,有无隐价瞒价、急卖急买、人为哄抬、亲友间的交易等特殊交易情况。

为避免在收集交易实例时遗漏重要的内容并保证所收集内容的统一性和规范化,最好事先将房地产分为不同的类型,如分为居住、商业、办公、旅馆、餐饮、娱乐、工业、农业等,针对这些不同类型的房地产,将所要收集的内容制作成统一的表格。见表 2-4 和表 2-5 所列。

房屋买卖价格调查表(面积单位:m^2)　　表 2-4

案例名称				
详细位置				
卖出方		买入方		
楼盘性质	商住办公综合楼/商业办公综合楼/商业住宅综合楼、纯办公楼/纯住宅楼/其他			
土地所有权性质	国有　集体所有	土地使用权性质	划拨　出让	
土地证载用途		房屋证载用途		房屋实际用途

续表

土地面积		基地面积		建筑面积	
周围繁华程度			实用率		
周围交通条件			地质条件		
临街状况			周围环境条件		
规划及其他限制条件			土地开发程度		
房屋状况描述	结构：钢结构　框剪结构　框架结构　砖混结构　砖木结构　木结构　简易结构 结构成新度：				
	内装修：毛坯房，约值_____元/m²，简单装修，约值_____元/m²，豪华装修，约值_____元/m²，超豪华装修，约值_____元/m² 内装修成新度：_____				
	外装修：①陶瓷锦砖；②条形砖；③水泥灰砂；④玻璃幕墙；⑤铝板幕墙；⑥大理石；⑦花岗石；⑧人造石材				
	设施设备：①电梯（进口/国产）共____台；②中央空调；③消防喷淋系统；④水电设施齐全；⑤水电设施不够齐全				
	公共区域：内墙为大理石　抛光砖　条形砖　涂料 地面铺大理石　抛光砖　水泥　其他				
交易时间		土地剩余年期	年	转让方式	中介　亲友协商 拍卖　其他
交易税费支付方式	各付各税　出售方负责所有税费　买售方负责所有税费　其他				
物业管理状况描述					
房地产转让总价格（万元）	成交价		申报价	评估价	纳税情况
需要说明的事项说明（转让合同中约定的其他事项）					
位置略图					

房屋出租租金调查表（面积单位：m²）　　　　表 2-5

案例名称					
详细位置					
楼盘性质	商住办公综合楼/商业办公综合楼/商业住宅综合楼、纯办公楼/纯住宅楼/其他				
土地所有权性质	集体所有　国有		土地使用权性质	划拨　出让	
土地证载用途		房屋证载用途		房屋实际用途	
土地面积		基地面积		建筑面积	
周围繁华程度			土地剩余年期		
周围交通条件			地质条件		
临街状况			周围环境条件		
规划及其他限制条件			土地开发程度		
实用率		地下室	有/无，共____层（或____个车位）		

续表

房屋状况描述	结构：钢结构　框剪结构　框架结构　砖混结构　砖木结构　木结构　简易结构 结构成新度：	
	内装修：毛坯房，约值_____元/m²，简单装修，约值_____元/m²，豪华装修，约值_____元/m²，超豪华装修，约值_____元/m² 内装修成新度：	
	外装修：①陶瓷锦砖；②条形砖；③水泥灰砂；④玻璃幕墙；⑤铝板幕墙；⑥大理石；⑦花岗石；⑧人造石材	
	设施设备：①电梯（进口/国产）共____台；②中央空调；③消防喷淋系统；④水电设施齐全；⑤水电设施不够齐全	
	公共区域：内墙为大理石　抛光砖　条形砖　涂料 地面铺大理石　抛光砖　水泥　其他	
家私电器配备情况	简单（床、桌、椅），价值_____元，成新度_____ 基本（床、桌、椅、空调、窗帘），价值_____元，成新度_____ 齐备（床、桌、椅、空调、窗帘、冰箱、洗衣机、灶具等），价值_____元，成新度_____	
租赁时间		出租方式　　中介　亲友协商　其他
交易税费支付方式	各付各税　出售方负责所有税费　买售方负责所有税费　其他	
租期	押金（元）	租赁价格（元/月）
是否办理租赁登记	物业管理状况描述	
需要说明的事项说明（租赁合同中约定的其他事项）		
位置略图		

收集交易实例时按事先制作好的调查表进行填写，不仅能够避免遗漏重要事项，而且很方便。在实际工作中，还可以将估价人员与交易实例收集人员分开，某些人可以专门从事交易实例收集工作。

为了保证所收集的交易实例及其内容的真实性，对于收集到的每一个交易实例、每一项内容，都应进行查证核实，以做到准确无误。

2.5.3　建立交易实例库

房地产估价机构和估价人员应当建立房地产交易实例库。建立交易实例库不仅是运用市场法估价的需要，还是从事房地产估价的一项基础性工作，也是形成房地产估价机构和估价人员的核心竞争力之一。建立交易实例库，有利于交易实例资料的保存和在需要时查找、调用，提高估价工作的效率。

建立交易实例库的最简单做法，是将收集交易实例时填写好的"交易实例调查表"及有关资料（如照片等），以交易实例卡片或档案袋的形式，一个交易实例一张卡片或一个档案袋，分门别类保存起来。有条件的，可以开发有关的计算机软件，将所收集到的交易实例信息输入计算机中。

过程2.6 收集当地的建筑工程造价信息

建筑工程造价信息是房地产项目设计概算、施工图预算和鉴定工程造价的依据,也是测算房地产建筑工程成本的重要资料,对于从成本角度估算房地产价格有重要的参考意义。建筑工程造价信息可以从当地建设工程造价管理部门发布的建筑工程综合定额、装饰装修工程综合定额、安装工程综合定额和建设工程技术经济指标中查找,也可以通过向建设监理公司或建筑造价咨询机构咨询来获取。表2-6和表2-7是小评收集到的部分造价信息。

住宅工程项目分阶段费用构成分析表 表2-6

序号	工程阶段	工程费用(元/m²,建筑面积)		
		多层	小高层	高层
1	项目开工至项目封顶	725	802	1080
1.1	前期工程费用	75	50	70
1.2	土建	650	752	1010
2	项目封顶至拆外脚手架	100	80	120
2.1	砌部分墙体	25	25	34
2.2	外墙装饰(釉面砖)	35	15	58
2.3	部分门窗	35	35	20
2.4	拆脚手架	5	5	8
3	拆外脚手架至工程竣工验收	668	761	735
3.1	装饰工程	143	180	100
3.2	安装工程	165	190	260
3.3	设备工程	20	60	40
3.4	配套工程	280	276	275
3.5	其他	60	55	60
合计		1493	1643	1935

写字楼工程项目分阶段费用构成分析表 表2-7

序号	工程阶段	工程费用(元/m²,建筑面积)		
		多层	小高层	高层
1	项目开工至项目封顶	760	962	1209
1.1	前期工程费用	75	60	60
1.2	土建	685	902	1149
2	项目封顶至拆外脚手架	123	219	218
2.1	砌部分墙体	10	38	6
2.2	外墙装饰(釉面砖)	58	120	147

续表

序号	工程阶段	工程费用（元/m², 建筑面积）		
		多层	小高层	高层
2.3	部分门窗	50	54	55
2.4	拆脚手架	5	7	10
3	拆外脚手架至工程竣工验收	118	1167	1208
3.1	装饰工程	312	314	123
3.2	安装工程	480	555	670
3.3	设备工程	65	32	35
3.4	配套工程	211	186	310
3.5	其他	50	80	70
合计		1909	2348	2635

过程 2.7　收集当地房地产交易税费

房地产交易税费既是一个房地产成本构成因素，又是影响房地产价格的一个重要因素，作为估价人员应当详细地了解当地及评估项目所在地的房地产交易税费情况。

房地产交易税费的情况可以从城市房地产交易管理部门查询了解，也可以从相关的网站上了解。例如，在广州市国土资源和房屋管理局网站上，点击链接"知识园地"，搜索关键字"主要税费"，点击链接"房屋交易包括哪些主要税费?"（网址为http://www.laho.gov.cn/zsyd/ywyd/t20070420_37712.htm），可以查阅到广州市房地产交易税费的有关资料，见表2-8和表2-9所列。

新购商品房办理房地产证收费标准　　　　　　　　　　表2-8

费用名称	收费标准	收费依据	缴交方
房屋所有权登记费	单位登记80元/宗 个人登记50元/宗 每增加一本证书可按每本10元收取工本费	穗价〔1999〕217号 穗价〔2000〕58号 穗价〔2002〕123号 穗价〔2003〕104号 粤价函〔1999〕532号 粤价〔2002〕163号 计价格〔2002〕595号 穗价〔2003〕1号 粤价〔2002〕116号 穗价函〔2003〕387号	登记方承担
交易手续费	卖方：3元/m²（商品房、集资房） 卖方：1.5元/m²（解困、安居、房改房）	穗价〔2002〕97号 粤价〔2002〕108号	卖方承担

续表

费用名称	收费标准	收费依据	缴交方
权证印花税	买方：5元/本		买方承担

费用名称	收费标准	缴交方
契税	解困房、安居房及商品房的个人购买普通住宅：交易价×1.5% 其余：交易价×3% 集资房按规定标准1.5%计算，其征收基数：近郊1000元/m²；中郊700元/m²；远郊500元/m²	买方承担

费用名称	收费标准	征收单位	缴交方
印花税	卖方：交易金额×0.05% 买方：交易金额×0.05%	市地税局 （此项费用不由交易中心代征）	买卖双方共同承担

房屋交易（二手房）过户登记收费标准　　表2-9

费用名称	收费标准	收费依据	缴交方
交易手续费	买方：3元/m² 卖方：3元/m²	穗价〔2002〕97号 粤价〔2002〕108号	买卖双方承担
房屋所有权登记费	企业登记80元/宗 个人登记50元/宗 每增加一人每本证书收取10元工本费	穗价〔1999〕217号 穗价〔2000〕58号 穗价〔2002〕123号 穗价〔2003〕104号 粤价函〔1999〕532号 穗价〔2002〕163号 计价格〔2002〕595号 穗价函〔2003〕387号 穗价〔2003〕1号	登记方承担
权证印花税	买方：5元/本		买方承担

费用名称	收费标准	收费依据	缴交方
房屋测量费	住宅用房：1.36元/m² 商业楼用房：2.04元/m² 多功能综合楼用房：2.72元/m²	国测财字〔2002〕3号	申请方承担
房地产平面附图转绘	按房屋面积测绘收费标准的30%		

费用名称	收费标准	备注	征收单位	缴交方
契税	买方：个人购买普通住宅按产价1.5%计收，其余按3%计收	每宗房屋交易	市财政局	买方承担
印花税	买方：房屋产价的0.05% 卖方：房屋产价的0.05%	每宗房屋交易	市地税局 （交易中心代征）	买卖方各承担一半

续表

费用名称	收费标准	备注	征收单位	缴交方
土地增值税	增值额未超过扣除项目金额50%的：增值额×30%＝税金 增值额超过扣除项目金额50%未超过100%的：增值额×40%－扣除项目金额×5%＝税金 增值额超过扣除项目金额100%未超过200%的：增值额×50%－扣除项目金额×15%＝税金 增值额超过扣除项目金额200%的：增值额×60%－扣除项目金额×35%＝税金	房屋有增值部分	市地税局（调房总站代征）	卖方承担
个人所得税	1. 据实征收：（每次转让房产收入额－房产原值－合理费用）×20% 2. 核定征收： 非居住用房（非住宅）：个人转让房产收入×7.5%×20% 居住用房（住宅）： 自用未满5年的：个人转让房产收入×5%×20% 自用满5年（含5年）且是唯一住房的免征		市地税局（调房总站代征）	卖方承担
营业税及附加	1. 个人转让非居住用房的： 能提供上手购房发票：（转让收入－上手发票价）×5.5% 不能提供上手发票：转让收入×5.5% 2. 个人转让普通住房： 购买未满2年转让的：转让收入×5.5% 购买超过2年（含2年）的免征 3. 个人转让非普通住房： 购买未满2年转让的：转让收入×5.5% 购买超过2年（含2年）转让的：（转让收入－上手发票价）×5.5%		市地税局（调房总站代征）	卖方承担
土地出让金	房改房上市，按产价1%征收；其他类型的二手房交易，由房地产估价管理所核定	未办理土地有偿转让，需补交土地出让金	市国土房管局	卖方承担

[**任务拓展**]

（1）收集所在城市过去一年中各月的房地产价格指数，并说出各月价格变动的规律。

（2）收集过去一年中银行存、贷款利率及其变动情况。

（3）收集所在城市各种用途的基准地价。

（4）利用表 2-4 和表 2-5 收集房地产买卖和房地产租赁案例各 5 宗。

（5）收集所在城市开发建设热点区域的规划信息。

（6）收集所在城市各类建筑工程的造价指标。

（7）收集所在城市房地产交易的税费计收标准。

任务 3

获取估价业务

[任务目标]
（1）了解估价业务的来源。
（2）会与客户洽谈。
（3）能明确估价的基本事项。
（4）会撰写房地产估价委托合同。

[任务背景]
小评为了弄清评估公司是如何获取估价业务的，就向公司拓展部的同事请教，以下是小评了解到的情况。

过程 3.1　获取估价业务

3.1.1　房地产估价业务来源

从事房地产估价，首先要有房地产估价业务。归纳起来，房地产估价业务来源主要有下列两类：

（1）被动接受。即坐等估价需求者找上门来征求估价服务。估价需求者可能是政府，也可能是个人、企业或其他单位；可能是该房地产的所有者、使用者，也可能不是。例如，估价需求者可能是房地产所有者或使用者的代理人；房地产的欲购买者，也可能要求对其欲购买的房地产进行估价；一方以提供房地产的方式与另一方合作（如作价入股、合资、合作开发经营房地产或从事其他经营活动），则另一方也可能委托估价机构对该房地产进行估价，以便与对方讨价还价；

房地产所有者或使用者将其房地产抵押贷款,受理该抵押贷款的银行也可能委托其信任的估价机构对该房地产进行估价;政府为课征房地产税,也可能委托估价机构对课税对象房地产进行估价;法院要处理涉案的房地产,如拍卖、抵债、定罪量刑等,也可能委托估价机构对房地产进行估价;城市房屋拆迁,拆迁人(往往不是房地产所有者、使用者)委托估价机构对被拆迁房屋进行估价,等等。

(2)主动争取。即估价人员走出门去力争为他人提供估价服务。在估价业务市场化后,这是估价业务的最主要来源,特别是在估价机构多、竞争激烈的情况下。争取估价业务应当靠提高服务质量、恰当的宣传、扩大知名度等,而不得采用不正当竞争手段来争取估价业务,如回扣、低收费、迎合委托人对估价结果的不合理要求(如答应委托人可评估出其期望的价值)、诋毁竞争对手、垄断等。另外,如前所述,估价需求者不一定是房地产的所有者、使用者,因此估价人员在争取估价业务时可拓宽思路。

在获取估价业务时,要注意的是:如果感到自己的专业能力有限而难以对某个房地产估价项目进行估价时,就不应接受该项估价委托,同时必须回避自己、近亲属或其他有利害关系人的估价业务。

3.1.2 与客户洽谈

1. 在与委托方沟通时要注意仪表、谈吐,体现估价人员的修养

估价人员在执业活动中的仪表、谈吐、修养要符合职业特点。仪表要给客户以整洁、稳重和易于接近的感觉,有条件的可统一服装,以强化机构的形象;谈吐要自信、乐观、开朗、文明、礼貌、真诚,与客户交往应不卑不亢,争取建立良好的长期合作的关系;估价人员要不断学习,努力提高自身的道德修养和文化修养,以培养较好的气质。

2. 向客户简要介绍委托评估的程序

(1)双方应签订委托评估合同,应向客户介绍委托合同所涉及的主要内容以及评估费收取的标准、评估费支付的要求、客户所需提供的资料。

(2)估价人员要进行现场勘察,了解评估对象的开发程度、四至、地上物情况、基础设施、道路通达度、周边土地的利用等情况。

(3)估价师还需要进行内业工作,还要履行内部审核程序,然后向客户提交评估报告并收取评估费。

3.1.3 明确估价基本事项

1. 明确估价目的

估价目的是由委托人提出的,但在实际中委托人往往并不知道要提出估价目的,也可能不懂得如何表达其估价目的,这就需要估价人员提出问题,让委托人回答认可。任何一个估价项目都有估价目的,因为委托人不会无缘无故花钱请人估价。因此,估价目的可以通过了解未来提供的估价报告的用途来明确,即通过将要完成的估价报告究竟是提交给谁使用或由谁认可来明确。

2. 明确估价对象

明确估价对象包括：明确估价对象的实物、权益和区位状况。因此，首先要弄清楚委托人要求估价的房地产具体是什么，范围多大。例如，它是土地，还是建筑物，还是土地与建筑物的合成体，还是其中的某一部分，如果是正在经营中的宾馆，是否还包括其中配备的家具设备等房地产以外的财产。

其次，估价人员应掌握、依据有关法律、行政法规，有些房地产不能用于某些估价目的，或有些估价目的限制了可以作为估价对象的范围和内容。因此，估价对象及其范围和内容，既不能简单地根据委托人的要求确定，也不能根据估价人员的主观愿望确定，而应根据估价目的，依据法律、行政法规并征求委托人意见后综合确定。

在明确估价对象时，估价人员还应要求委托人提供其能提供的反映该估价对象基本状况的资料，如坐落、面积、四至、用途、产权状况（拥有的是所有权还是使用权，如果是使用权，使用年限多长，已使用了多少年，还剩余多少年）等。

3. 明确估价时点

明确估价时点是明确所要评估的价值是在哪个具体日期的价值。如果这一点不明确，将难以估价。因为同一宗房地产在不同的时点价值会有所不同。但委托人往往也并不清楚要提出估价时点，这也需要估价人员提出问题，让委托人回答认可。

多数估价是对当前的价值进行评估，一般以实地查勘之日为估价时点，但在某些情况下需要对过去或未来某个时点的价值进行评估。估价时点究竟是现在，还是过去或未来，是由估价目的决定的。所以，估价时点也不是委托人或估价人员可以随意假定的，而应根据估价目的来确定。另外，估价时点应采用公历表示，一般要精确到日。从理论上讲，估价时点的详细程度与估价的难易程度有关，估价时点越具体，要求的估价精度越高，估价也就越困难。

过程3.2 签订评估委托合同

在明确了有关事项之后，估价机构与委托人应当签订书面房地产估价委托合同。房地产估价委托合同是估价机构和委托人之间就估价事宜的相互约定。其作用主要有3个：①成立受法律保护的委托与受托关系；②明确合同双方的权利和义务；③载明估价的基本事项。

3.2.1 房地产估价委托合同的内容

房地产估价委托合同的内容一般包括：①委托人、估价机构（包括名称或者姓名和住所）；②估价目的；③估价对象；④估价时点；⑤委托人的协助义务（如委托人应向估价机构如实提供估价所必需的资料及对所提供资料的真实性、合法性的承诺，协助估价机构进行实地查勘等）；⑥估价服务费用及其支付方式；⑦出具估价报告的日期；⑧违约责任；⑨解决争议的方法；⑩估价机构和委托人认为需要约定的其他事项。

3.2.2　签订评估委托合同

拓展部接受了一单评估委托,即客户马凌涛位于广州市海珠区逸景翠园叠景轩 D 座 803 房的住宅房地产转让参考价格评估,该项目被公司确定为(2007)第 061 号评估项目。为了明确双方权利和义务,公司与马凌涛签订了评估委托合同,图 3-1 是双方所签合同。

房地产价格评估委托合同

委托估价方(甲方):马凌涛

受理估价方(乙方):广东衡立房地产评估有限公司

甲乙双方经充分协商,兹就房地产估价事宜签订本协议。具体内容如下:

一、甲方估价目的:评估房地产转让参考价格。

二、估价对象:估价对象为位于广东省广州市海珠区逸景翠园叠景轩 D 座 803 房的住宅房地产,该房地产建筑面积 102m²,三房两厅,朝向为东南向,土地使用权年限自 2000 年 5 月 1 日至 2070 年 5 月 1 日,未设定他项权利。

三、估价时点:2007 年 5 月 10 日。

四、乙方应根据甲方的估价目的,保证对上列房地产予以客观、公正的估价,最后出具该委估房地产的估价报告书。

五、甲方应于 2007 年 5 月 11 日以前将委估房地产的产权证、土地使用证、经营状况或建筑状况等估价所必需的资料提交给乙方,或配合乙方向有关部门、单位或个人查阅、收集委估房地产估价所必需的资料,并有义务陪同勘察。

六、乙方对甲方委估房地产的文件资料应妥善保管并尽保密之责,非经甲方同意不得擅自公开或泄露给他人。

七、甲方应付给乙方的估价服务费依照国家计委、建设部〔1995〕971 号《关于房地产中介服务收费的通知》的有关规定计收。签订本协议后,甲方应先预付给乙方 2000 元(人民币),余款待乙方将估价报告书交付给甲方时付清。

八、乙方无特殊原因和正当理由,应按本协议规定时间 2007 年 5 月 14 日前交付估价报告书。甲方如不按规定的时间向乙方提供有关资料,乙方可按耽误时间顺延估价报告的交付时间。

九、甲方如果中途中断委托估价请求,乙方工作已经过半,甲方则应付给乙方全部估价费用;乙方工作尚未过半,甲方则付给乙方全部估价服务费的 30%~50%,或已预付的估价服务费不退还,上述两者中取其高者。

十、签订日期为 2007 年 5 月 10 日。本协议自甲乙双方正式签订之日起生效,其中任何一方未经对方同意不得随意更改。如有未尽事宜,需经双方协商解决。

十一、本协议正本一式二份,甲乙双方各执一份。

甲　方:马凌涛	乙　方:广东衡立房地产评估有限公司
地　址:广东省广州市海珠区逸景翠园叠景轩 D 座 803 房	地　址:广东省广州市海珠区新港中路财智大厦 38 楼
电　话:020-8409××××	电　话:020-8409××××
邮政编码:510300	邮政编码:510300

图 3-1　房地产价格评估委托合同

评估委托合同签订后,拓展部主管将该项目提交给公司业务经理,业务经理指派评估一部负责评估该项目。

[任务拓展]
(1) 获取估价业务的途径有哪些?
(2) 估价的基本事项有哪些?
(3) 评估委托合同应包括哪些内容?

任务 4
准备实施评估项目

[任务目标]
(1) 会进行实地查勘。
(2) 会根据评估项目实际情况确定估价技术路线。
(3) 会搜集评估项目所需资料。
(4) 能根据项目实际情况选择估价方法。

[任务背景]
在"任务3"中,我们了解到小评所在公司接受了评估委托,要评估客户马凌涛位于广州市海珠区逸景翠园叠景轩 D 座 803 房的住宅房地产的转让参考价格,即(2007)第 061 号评估项目。公司安排小评所在的评估一部完成该评估项目,以下是小评所在的评估一部为实施评估项目所做的准备工作。

过程 4.1 实地查勘

实地查勘是估价人员亲自去估价对象现场,对委托人先前介绍或提供的估价对象的有关情况,以及事先收集的估价对象的坐落、面积、四至、用途、产权等资料,进行调查核实,同时亲身感受估价对象的位置、周围环境、景观的优劣,查看估价对象的外观、内部状况(如建筑结构、设备、装修、维修养护等),拍摄反映估价对象外观、内部状况及其周围环境、景观或临路状况的影像资料,并收集补充估价所需的其他资料,了解当地房地产市场行情和市场特性等。

实地查勘有利于加深对估价对象的认识，形成一个直观、具体的印象，获取文字、图纸、照片等资料所无法或难以表述的细节。在实地查勘时，一般需要委托人中熟悉情况的人员和被查勘房地产的业主陪同，估价人员要认真听取陪同人员的介绍，详细询问在估价中所需弄清楚的问题，并将有关情况和数据认真记录下来，形成"实地查勘记录"。

小评带上公司预先设计好的实勘记录表，辅助估价师张诚对待估房地产进行了实地查勘，表4-1是小评填写的实勘记录表。

待估房地产实勘记录表 表4-1

地址：广州市海珠区逸景翠园叠景轩D座803房					权属人	马凌涛	
用途	住宅	使用状况	正常	产权证名称及编号	房地产权证 粤房证200866号		
建筑结构及层数	框架12层	层高	2.9m	建成日期	2002年	成新率	95%
装修日期	2002.9	电梯	有	通风采光	良好	朝向	东南
内部间隔	三房　两厅　一厨　二厕　三阳台						
大厅及餐厅	内墙	水泥砂浆批荡扫白□　混合砂浆批荡□　清水墙扫白□　墙纸□　ICI漆√　缮灰□　多彩喷涂□　布艺□　金属漆□　其他					
	顶棚	轻钢龙骨纤维棉板□　塑料扣板□　铝扣板□　ICI漆√　石膏板□　抹平扫白□　缮灰□　其他（灯饰）					
	地面	水泥砂浆□　水磨石□　彩釉地砖□　花岗石□　大理石□　陶瓷锦砖□　地毯□　抛光砖□　耐磨砖□　木地板√　仿古砖□　其他　尺寸：					
	窗	落地飘窗1个，半腰飘窗＿＿个，落地平窗＿＿个，半腰平窗2个＿＿尺寸：					
		铝合金推拉窗√　铝合金平开窗□　标准钢窗□　木窗□　防盗网（不锈钢、铁）□　其他					
		窗框：条形外墙砖□　陶瓷锦砖□　水泥砂浆□　普通抹灰√　大理石□　花岗石□　其他					
		窗台石：尺寸：　大理石□　花岗石√　其他					
	灯饰	大吊灯1个，吸顶灯＿＿个，壁灯2个，筒灯＿＿个，白炽灯＿＿个，灯槽＿＿米					
	壁柜	黑胡桃木√　榉木□　水曲柳□　夹板复合板材□　尺寸：					
厨房	地面	水泥砂浆□　彩釉地砖□　防滑砖√　陶瓷锦砖□					
	墙面	白瓷片□　彩色瓷片√　ICI漆□　缮灰□　厨柜□（规格）					
	顶棚	轻钢龙骨纤维棉板□　塑料扣板√　铝扣板□　ICI漆□　石膏板□　抹平扫白□　缮灰□　其他（灯饰）					
	灶台	瓷片台面□　云石台面√　防火复合板台（柜）□					
	门	实木（雕花）门（包门套）□　玻璃地弹门□　木夹板门（包门套）√　卷帘门□　铝合金地弹门□　塑料门□　其他					

续表

厕所	地面	水泥砂浆□ 彩釉地砖□ 防滑砖√ 陶瓷锦砖□
	墙面	白瓷片√ 彩色瓷片□ 大理石□ 花岗石□
	顶棚	轻钢龙骨纤维棉板□ 塑料扣板√ 铝扣板□ ICI 漆□ 石膏板□ 抹平扫白□ 缮灰□ 其他（灯饰）
	洁具	二√ 三□ 四□ 坐√ 蹲□ 洗手盆□
	淋浴室	有框玻璃滑门□ 无框玻璃门□ 高级按摩浴室√ 尺寸：浴缸：陶瓷□ 钢模□ 尺寸：
	门	实木（雕花）门（包门套）□ 玻璃地弹门□ 木夹板门（包门套）√ 卷帘门□ 铝合金地弹门□ 塑料门□ 其他
房间	内墙	水泥砂浆批荡扫白□ 混合砂浆批荡□ 清水墙扫白□ 墙纸□ ICI 漆√ 缮灰□ 多彩喷涂□ 布艺□ 金属漆□ 其他
	顶棚	轻钢龙骨纤维棉板□ 塑料扣板□ 铝扣板□ ICI 漆√ 石膏板□ 抹平扫白□ 缮灰□ 其他（灯饰）
	地面	水泥砂浆□ 水磨石□ 彩釉地砖□ 花岗石□ 大理石□ 陶瓷锦砖□ 地毯□ 抛光砖□ 耐磨砖□ 木地板√ 仿古砖□ 其他 尺寸：
	窗	落地飘窗 1 个，半腰飘窗____个，落地平窗____个，半腰平窗____个 尺寸：
		铝合金推拉窗√ 铝合金平开窗□ 标准钢窗□ 木窗□ 防盗网（不锈钢、铁）□ 其他
		窗框：条形外墙砖□ 陶瓷锦砖□ 水泥砂浆□ 普通抹灰√ 大理石□ 花岗石□ 其他
		窗台石：大理石□ 花岗石□ 其他 尺寸：
	门	实木（雕花）门（包门套）√ 玻璃地弹门□ 木夹板门（包门套）□ 卷帘门□ 铝合金地弹门□ 塑料门□ 其他
	灯饰	大吊灯____个，吸顶灯 1 个，壁灯____个，筒灯 2 个，白炽灯____个，灯槽____米
	壁柜	黑胡桃木√ 榉木□ 水曲柳□ 夹板复合板材□ 尺寸：
	栏杆	不锈钢管□ 钢花栏、木扶手□ 不锈钢镶玻璃□ 共____米
其他		

记录人：小评　　现场查勘日期：2007 年 5 月 11 日

根据估价师张诚的指导，小评绘制了待估房地产的位置示意图和平面图，如图 4-1 和图 4-2 所示。

此外，小评还拍摄了待估房地产内部和外部的照片，如图 4-3 和图 4-4 所示。

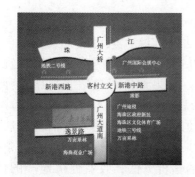
图 4-1 待估房地产位置示意图

图 4-2 待估房地产平面图

图 4-3 待估房地产内部照片

图 4-4 待估房地产外部照片

过程 4.2 拟定估价作业方案

在实地查勘的基础上，评估一部要对估价项目进行初步分析，拟定估价作业方案。估价作业方案的内容主要包括：①拟采用的估价技术路线和估价方法；②预计所需的时间、人力、经费；③估价作业步骤和时间进度安排；④拟调查收集的资料及其来源渠道。

4.2.1 确定估价技术路线

在明确了估价目的、估价对象和估价时点之后，便可以确定拟采用的估价技术路线，初步选择适用于估价对象的估价方法。估价技术路线是评估出估价对象价值所遵循的根本途径，是指导整个估价过程的技术思路。初步选择估价方法的目的，是为了使后面进入收集资料和实地查勘时有的放矢，避免不需要的无效劳动。因为不同的估价方法所需要的资料不完全相同，有些资料可能是某些估价方法所不需要的。初步选择估价方法对于有估价经验的估价人员来说是较容易的，因为每种估价方法都有其适用的对象和条件（此点在后面谈到各种估价方法时有详细介绍）；反过来，哪种类型的房地产适宜于采用哪些估价方法来估价，大致上也是清楚的。

估价人员应当熟知、了解各种估价方法及其综合运用的方式，结合估价对象和估价目的，正确运用估价方法进行估价。对于同一估价对象，宜选用两种以上（含两种）的估价方法进行估价。如果估价对象适宜采用多种估价方法进行估价，则应同时采用多种估价方法进行估价，不得随意取舍。因为不同的估价方法是从不同的角度来衡量价值的，同时采用多种估价方法进行估价可以相互印证、补充，从而使估价结果更为客观合理。此外，有条件选用市场法进行估价的，应以市场法为主要的估价方法；收益性房地产的估价，应选用收益法作为其中的一种估价方法；具有投资开发或再开发潜力的房地产的估价，应选用假设开发法作为其中的一种估价方法；在无市场依据或市场依据不充分而不宜采用市场法、收益法、假设开发法进行估价的情况下，可将成本法作为主要的估价方法。

针对要进行评估的房地产，经过认真分析，评估一部初步拟定采用市场法进行评估，因为评估对象所处的逸景翠园是一个交投活跃的楼盘，有大量的住宅买卖案例可供参考。

4.2.2 预计所需的时间、人力

根据估价目的、估价对象、估价时点、估价报告出具日期，便可知估价项目的大小、难易和缓急，从而可以确定需投入多少人力参加估价。由于某些估价人员擅长某些类型房地产的估价，或擅长运用某种估价方法进行估价，或擅长某种估价目的的估价，在估价对象、估价目的等已明确，初步选择了拟采用的估价方法的条件下，还可以确定由哪些估价人员参加估价更合适。随着估价行业的发展，对估价精度要求越来越高，估价对象越来越复杂、估价目的越来越多，估价人员应有适当的专业分工。有时还需要聘请其他领域的专家协助，如建筑师、设备工程师、造价工程师、会计师等。

（2007）第061号评估项目是一个不太复杂的评估项目，经分析研究，评估一部安排了估价师张诚和李汉、评估助理王丽和小评及打字员丁果共同完成该评估项目。

4.2.3 确定估价作业步骤和时间进度安排

估价作业步骤和时间进度安排，主要是对往后要做的各项工作作出具体安排，包括对作业内容、作业人员、时间进度、所需经费等的安排，以便控制进度及协调合作，通常最好附以流程图、进度表等，特别是对于那些大型、复杂的估价项目。表4-2是评估一部针对（2007）第061号评估项目制定的进度安排表。

(2007)第061号评估项目工作进度安排表　　　　　　　表4-2

项目名称	广州市海珠区逸景翠园叠景轩D座803房住宅房地产转让价格评估				
负责部门	评估一部	部门经理	张洁	项目负责人	李汉
项目目的	评估房地产转让价格				
开始日期	2007年5月10日	预定完成日期		2007年5月14日	
序号	工作内容	负责人	预订完成日期	实际完成日期	备注
1	制定项目评估计划	李汉	5月10日		项目负责人、估价师
2	收集可比实例及相关资料	王丽	5月11日		评估助理
3	辅助进行实地查勘	刘小评	5月12日		评估助理
4	价格测算、撰写报告	张诚	5月13日		估价师
5	报告审校	李汉	5月14日		
6	报告打印装订	丁果	5月14日		打字员

表4-1所示评估一部的人员分工比较稳定，在该部其他的评估项目中，具体分工与此类似。

过程4.3　收集估价项目所需资料

估价人员平常就应留意收集估价所需的有关资料，在估价时更应如此。估价所需的资料主要包括4个方面：①对房地产价格有普遍影响的资料；②对估价对象所在地区的房地产价格有影响的资料；③相关实例资料，即类似房地产的交易、开发建设成本、收益等资料；④反映估价对象状况的资料。

对于所有直接或间接影响房地产价格因素的资料都应尽量收集，包括：政治、法律、经济（包括经济形势、产业政策）、自然条件、城市规划、基础设施、公共设施、文化教育、风土人情、消费行为等方面的资料以及房地产供求方面的资料。房地产供求方面的资料包括不同地段、用途、规模、档次、价位、平面布置等状况，如供给量、有效需求量、空置量和空置率等。在供给量中应包括：已完成的项目、在建的项目、已审批立项的项目、潜在的竞争项目及预计它们投入市场的时间。

具体要收集的资料内容包括：

（1）产权登记资料。产权登记资料包括土地使用权证、房屋所有权证或房地产权证和房地产管理部门的房地产产籍资料等。估价师从中可了解待估房地产的产权状况、使用者和所有者、取得产权的日期、面积、用途、地产等级、宗地范围、所在街道、街坊、地号、地上建筑物状况及相邻地产状况、他项权利登记等，上述内容是估价报告中评估对象的基本资料来源。为增强估价报告的可靠性，可将土地使用证、房屋所有权证或房地产权证等复印件附在报告后面加以说明。

（2）宗地图。利用宗地图估价师可从中了解房地产的土地界址、地形、方位、坐标、临路状况、深度、四至等内容。

(3) 建筑平面位置图。通过平面位置图，估价师可了解建筑物形状、分布、各层次的构造等内容。

(4) 房价、租金资料。查询已有的房地产交易或租赁资料及评估实例资料，以便对房地产所在市场资料有初步认识。这一类资料可通过两个途径获得：一是查寻各估价机构和估价师原收集的资料和已有的估价实例资料，二是向土地管理机关申请查阅其登记的房地产交易资料和各估价机构向其备案的估价实例资料。经过查阅已有资料，一方面可对待估房地产所在区域的房地产价格有初步的了解，另一方面可以衡量已有资料的丰富程度，为现场查勘和地价调查工作提供参考。

(5) 市政管网图件及资料。市政管网和道路等基础设施决定了房地产的利用条件，也直接影响房地产价格的高低，因此必须收集此类资料。通过市政管网图件和相关资料，估价师可以详尽地了解影响房地产价格的各类设施规模、分布及设施状况等内容。

(6) 城镇规划图。通过城镇规划图，估价师可从中了解待估房地产所在区域的规划条件，如容积率、建筑物高度、覆盖率限制及用途和利用限制等内容。

收集什么样的实例资料，主要取决于拟采用的估价方法。对于市场法而言，主要是收集交易实例资料。收集资料的渠道有：①委托人提供；②实地查勘获得；③询问有关知情人士；④查阅估价机构自己的资料库；⑤到政府有关部门查阅；⑥查阅有关报刊或登陆有关网站等。

根据评估一部制定的（2007）第061号评估项目的估价技术路线和项目的具体情况，王丽立刻开始着手收集项目需要的资料。她打开公司估价资料数据库，以逸景翠园所在区域"广州大道南"为关键字查找交易实例数据库，查到了2007年1~5月间广州市海珠区内的住宅房地产交易实例10宗，见表4-3所列。

房地产交易实例表　　　　表4-3

序号	位置	建筑面积（m²）	房地产状况	交易情况	交易时间	成交价格（元/m²）	付款方式	权利状况
1	逸景翠园叠景轩A座701房	112	三室一厅，朝向北，普通装修	抵债	2006.12.11	7000	一次性付款	完整
2	和平家园润雨轩C座502房	66	两室一厅，朝向南，普通装修	亲友之间买卖	2006.3.20	6500	一次性付款	完整
3	逸景翠园倚翠轩E座602房	100	三室一厅，朝向东南，普通装修	正常交易	2007.4.5	9000	首付六成，余款半年后支付，年利率5%	完整
4	逸景翠园碧湖轩B座705房	93	三室一厅，朝向西南，普通装修	税费均由买方负担	2007.3.2	8500	一次性付款	完整

续表

序号	位置	建筑面积（m²）	房地产状况	交易情况	交易时间	成交价格（元/m²）	付款方式	权利状况
5	逸景翠园彩榆轩D座1203房	210	跃式住宅，朝向东北，普通装修	法院查封拍卖	2007.2.8	8600	一次性付款	已抵押
6	逸景翠园绿榆轩A座303房	91	两室一厅，朝向南，普通装修	急售	2007.2.10	8800	一次性付款	完整
7	翠馨华庭南座2012房	56	复式住宅，朝向西北，普通装修	正常交易	2007.4.10	8300	一次性付款	完整
8	金穗雅园东苑2座1005房	110	三室一厅，朝向南，普通装修	正常交易	2006.3.5	7800	一次性付款	完整
9	和平家园清荷轩B座1501房	97	三室一厅，朝向西北，普通装修	正常交易	2005.10.12	6500	一次性付款	完整
10	叠彩园彩云轩4座802房	108	三室一厅，朝向南，普通装修	正常交易	2005.12.23	6900	一次性付款	完整

她又打开公司房地产价格指数数据库进行搜索，查到了待估房地产所在地广州市海珠区2007年1~5月的住宅房地产价格指数，见表4-4所列。

广州市海珠区2007年1~5月住宅房地产价格指数表　　　　表4-4

时间	2007年1月	2007年2月	2007年3月	2007年4月	2007年5月
环比价格指数	107.6	101.6	100.7	102.4	101.6

她还登录了广州市规划局官方网站，查阅了逸景翠园周边的规划情况，了解到以下信息：

逸景翠园位于广州大道南，临近新城市中轴线，紧靠地铁2号线和3号线。占地面积约40万m²，建筑面积110多万m²，107栋小高层和高层楼宇呈东西排列式分布其中，建成后将居住9000户、约3万多人。逸景翠园毗邻海珠区政府新址、万亩果园，与地铁交汇站客村站仅1km，隶属琶洲会展经济圈。有数十条公交线途经小区，出入便捷。逸景翠园内有15个果树主题园林、1000m长林荫大道、10000m²"翡翠之恋"中央公园、2000m²"都市女神"雕塑喷泉广场、架空绿化层等，绿化空间达11万m²。区内配套有10000m²豪华会所、3000m长时尚购物街、80000m² 8层大型商业中心、超市、菜市场、邮局、派出所等生活设施。逸景翠园周边的教育资源有中山大学、广东教育学院、市六中等著名学府，社区内拥有1所中学、2所小学、3所幼儿园、4所托儿所。

王丽将收集到的上述资料提交给估价师张诚，供其参考。

过程4.4　选定估价方法

估价方法的采用，取决于估价对象的房地产类型、估价方法的适用条件及所收集资料的数量和质量。在前面已根据估价对象初步选择市场法为估价方法，经分析收集到的资料情况，完全能够满足初选估价方法的需要，所以，正式确定采用市场法作为估价方法。

[任务拓展]
（1）如何确定估价技术路线？
（2）应从哪些方面收集估价项目所需资料？
（3）实地查勘要完成哪些工作？

任务 5
评估住宅房地产转让价格

[任务目标]
(1) 理解市场法的基本原理。
(2) 会选取可比实例并建立价格可比基础。
(3) 会进行交易情况修正。
(4) 会进行交易日期调整。
(5) 会进行房地产状况调整。
(6) 能利用市场法评估房地产价格。

[任务背景]
在"任务4"中我们了解到,根据评估一部项目负责人李汉的安排,估价师张诚负责(2007)第061号评估项目(广州市海珠区逸景翠园叠景轩D座803房的住宅房地产转让价格评估)的价格测算任务,以下是他运用市场法进行测算的过程。

过程 5.1　明确测算的步骤

5.1.1　市场法的基本原理

市场法又称市场比较法、比较法,是将估价对象与在估价时点近期交易的类似房地产进行比较,对这些类似房地产的成交价格作适当的修正和调整,以此求取估价对象的客观合理价格或价值的方法。市场法的本质是以房地产的市场交易价格为导向求取估价对象的价值。它适用的条件是：在同一供求范围内存在着较多的类似房地产的交易。市场法可用公式表示为：

$$可比实例比准价格 = 可比实例价格 \times 交易情况修正系数 \times 交易日期调整系数 \times 房地产状况调整系数$$

5.1.2 确定测算的步骤

根据市场法的原理，估价师张诚决定通过以下步骤进行测算：
(1) 选取可比实例；
(2) 建立价格可比基础；
(3) 进行交易情况修正；
(4) 进行交易日期调整；
(5) 进行房地产状况调整；
(6) 求取可比实例的比准价格；
(7) 求取最终比准价格。

过程 5.2 选取可比实例

虽然估价人员收集的交易实例或房地产交易实例库中存放的交易实例较多，但针对某一具体的估价对象、估价目的和估价时点，不是任何交易实例都可以拿来参照比较的，有些交易实例并不适用。因此，需要从中选择符合一定条件的交易实例作为参照比较的交易实例。这些用于参照比较的交易实例，称为可比实例。可比实例选取得恰当与否，直接影响到市场法评估出的价格的准确性，因此应特别慎重。

5.2.1 明确选取可比实例的要求

选取可比实例的基本要求是：①可比实例应是估价对象的类似房地产；②可比实例的成交日期应与估价时点接近；③可比实例的交易类型应与估价目的吻合；④可比实例的成交价格应为正常价格或能够修正为正常价格。

在实际选取可比实例时，上述四个方面可具体转化为下列几点：

(1) 可比实例应与估价对象处在同一地区或是处于同一供求范围内的类似地区。如果估价对象是某个住宅小区内的普通商品住宅，则选取的可比实例最好是在同一住宅小区内的交易实例；如果在同一住宅小区内没有合适的交易实例可供选取，则应选取位于类似地区、规模、档次的住宅小区内的交易实例。

(2) 可比实例的用途应与估价对象的用途相同。这里的用途主要指大类用途，如果能做到小类用途也相同则更好。大类用途一般分为：①居住；②商业；③办公；④旅馆；⑤工业；⑥农业等。

（3）可比实例的规模应与估价对象的规模相当。

（4）可比实例的档次应与估价对象的档次相当。

（5）可比实例的建筑结构应与估价对象的建筑结构相同。这里的建筑结构主要是指大类建筑结构，如果能做到小类建筑结构也相同则更好。大类建筑结构一般分为：①钢结构；②钢筋混凝土结构；③砖混结构；④砖木结构；⑤简易结构。

（6）可比实例的权利性质应与估价对象的权利性质相同。当两者不相同时，一般不能作为可比实例。例如：商品住宅与经济适用住房、房改所购住房的权利性质不同，在评估商品房价格时，不应选择经济适用房买卖案例作为可比实例。

（7）可比实例的成交日期应与估价时点接近。一般认为，交易实例的成交日期与估价时点相隔一年以上的不宜采用，因为难以对其进行交易日期调整。

（8）可比实例的交易类型应与估价目的吻合。如果为一般买卖、拍卖、租赁、土地使用权协议出让等目的估价，则应选取相对应的交易类型的交易实例为可比实例。另外，为抵押、抵债、房屋拆迁目的的估价，应选取一般买卖的交易实例为可比实例。

（9）可比实例的成交价格应是正常成交价格或能够修正为正常成交价格。

选取的可比实例数量从理论上讲越多越好，但是，如果选取的数量过多，一是可能由于交易实例缺乏而难以做到，二是后续进行修正、调整的工作量大，所以，一般要求选取 3 个以上（含 3 个）、10 个以下（含 10 个）的可比实例即可。

5.2.2　选取估价对象的可比实例

根据以上分析，估价师张诚对"任务 4"中王丽收集到的交易实例进行了筛选，确定了 3 宗可比实例，并选择它们与估价对象有较大差异的各项价格影响因素进行了对比，见表 5-1 所列。

估价对象与可比实例的对比　　　　　　　　表 5-1

项目	可比实例 A	可比实例 B	可比实例 C	估价对象
位置	逸景翠园倚翠轩 E 座 602 房	逸景翠园碧湖轩 B 座 705 房	逸景翠园绿榆轩 A 座 303 房	逸景翠园叠景轩 D 座 803 房
建筑面积（m^2）	100	93	91	102
交易日期	2007.4.5	2007.3.2	2007.2.10	—
交易情况	正常交易	买方税率5%，卖方税率7%，税费均由买方负担	急售	—
成交价格（元/m^2）	9000	8500	8800	

续表

项目	可比实例 A	可比实例 B	可比实例 C	估价对象
付款方式	首付六成，余款半年后支付，年利率5%	一次性付款	一次性付款	
交通条件	距公交站300m	距公交站250m	距公交站100m	距公交站100m
市政设施	完善	完善	完善	完善
公共设施	完善	完善	完善	完善
环境质量	优良	优良	较好	较好
内部格局	间隔方正，布局合理	间隔方正，布局合理	间隔方正，布局合理	间隔方正，布局合理
装修	质量好，普通	质量好，普通	质量好，普通	质量好，普通
朝向	东南	西南	南	东南

过程5.3　建立价格可比基础

5.3.1　建立价格可比基础的要求

选取了可比实例之后，应先对这些可比实例的成交价格进行换算处理，使其口径一致、相互可比，并统一到需要求取的估价对象的价格单位上，为进行后续的修正、调整建立共同的基础。

建立价格可比基础最常做的工作是统一付款方式。由于房地产的价值量大，房地产的成交价格往往采用分期付款的方式支付。而且付款期限的长短不同，付款数额在付款期限内的分布不同，实际价格也会有所不同。估价中为便于比较，价格通常以一次付清所需支付的金额为基准，所以，就需要将分期付款的可比实例成交价格折算为在其成交日期时一次付清的数额。具体方法是利用资金的时间价值中的折现计算。

5.3.2　为可比实例建立价格可比基础

可比实例A的交易单价为9000元/m²，其中首期付款60%，余款于半年后支付，年利率为5%，为建立价格可比基础，需要将其分期付款的价格换算成在成交日期一次付清的价格，计算如下：

$$9000 \times 60\% + 9000 \times (1-60\%)/(1+5\%)^{0.5} = 8913 \text{ 元}/m^2$$

过程5.4　进行交易情况修正

可比实例的成交价格可能是正常的，也可能是不正常的。由于要求评估的估价对象的价格是客观合理的,所以,如果可比实例的成交价格是不正常的,则应将其调整为正常的,如此才能作为估价对象的价格。这种对可比实例成交价格进行的调整,称为交易情况修正。因此,经过交易情况修正后,就将可比实例的实际而可能是不正常的价格变成了正常价格。

5.4.1 分析造成成交价格偏差的因素

由于房地产具有不可移动、独一无二、价值量大等特性,同时由于房地产市场是不完全市场,房地产的成交价格往往容易受交易中的一些特殊因素的影响,从而使其偏离正常的市场价格。交易中的特殊因素较复杂,归纳起来主要有下列几个方面:

(1) 有利害关系人之间的交易。
(2) 急于出售或急于购买的交易。
(3) 交易双方或某一方对市场行情缺乏了解的交易。
(4) 交易双方或某一方有特别动机或偏好的交易。
(5) 特殊交易方式的交易。如拍卖、招标、哄抬或抛售等。
(6) 交易税费非正常负担的交易。
(7) 相邻房地产的合并交易。
(8) 受债权债务关系影响的交易。

5.4.2 进行交易情况修正

1. 交易情况修正的方法

有上述特殊交易情况的交易实例不宜选为可比实例,但当可供选择的交易实例较少而不得不选用时,则应对其进行交易情况修正。

交易情况修正的方法,常采用百分率法。采用百分率法进行交易情况修正的一般公式为:

$$正常价格 = 可比实例成交价格 \times 交易情况修正系数$$

在百分率法中,交易情况修正系数应以正常价格为基准来确定。假设可比实例成交价格比其正常市场价格高低的百分率为 $\pm S\%$(当可比实例成交价格比其正常市场价格高时,为 $+S\%$;低时,为 $-S\%$),则:

$$正常价格 = 可比实例成交价格 \times 1/(1 \pm S\%)$$

交易情况修正需要测定交易中的一些特殊因素使其成交价格偏离正常价格的程度,但由于缺乏客观、统一的尺度,这种测定有时非常困难。因此,在哪种情况下应当修正多少,主要由估价人员凭其专业知识和丰富的经验加以判断。因此估价人员平常就应收集整理交易实例,并加以分析,在积累了丰富经验的基础上,把握适当的修正系数是不难的。

其中,对于交易税费非正常负担的修正,只要调查、了解清楚了交易税费非正常负担的情况,然后依此计算即可。具体方法是将成交价格调整为交易双方负担各自应负担的税费下的价格。主要是把握下面两个公式:

$$\text{卖方实际得到的价格} = \text{正常成交价格} - \text{应由卖方负担的税费}$$
$$\text{买方实际付出的价格} = \text{正常成交价格} + \text{应由买方负担的税费}$$

2. 进行交易情况修正实例

(1) 可比实例 A 为正常交易，不用进行修正，或者说可比实例 A 的交易情况修正系数为 1；

(2) 可比实例 B 税费为非正常负担，应进行修正。因为买卖双方税费均由买方负担，所以成交价格 8500 元/m² 是卖方实际得到的价格。由于：

$$\text{卖方实际得到的价格} = \text{正常成交价格} - \text{应由卖方负担的税费}$$
$$\text{应由卖方负担的税费} = \text{正常成交价格} \times \text{卖方税率}$$
$$\text{卖方实际得到的价格} = \text{正常成交价格} \times (1 - \text{卖方税率})$$
$$\text{正常成交价格} = \text{卖方实际得到的价格} \times 1/(1 - \text{卖方税率})$$

因此，可比实例 B 的正常成交价格可计算为：

$$8500 \times 1/(1 - 7\%) = 9140 \text{ 元/m}^2$$

其中 $1/(1-7\%)$ 为可比实例 B 的交易情况修正系数。

(3) 可比实例 C 交易情况为急售，这种情况下其成交价格往往偏低，根据估价师张诚的分析，其价格比正常价格偏低 5%，因此其交易情况修正系数为 $1/(1-5\%)$，可比实例 C 的正常成交价格可计算为：

$$8800 \times 1/(1 - 5\%) = 9263 \text{ 元/m}^2$$

过程 5.5　交易日期调整

5.5.1　了解交易日期调整的含义

可比实例的成交价格是其成交日期时的价格，是在其成交日期时的房地产市场状况下形成的。要求评估的估价对象的价格是估价时点时的价格，是应该在估价时点时的房地产市场状况下形成的。如果成交日期与估价时点不同（往往是不同的，而且通常成交日期早于估价时点），房地产市场状况可能发生了变化，如政府出台新的政策措施、利率发生变化、出现通货膨胀或通货紧缩等等，从而房地产价格就有可能不同。因此，应将可比实例在其成交日期时的价格调整为在估价时点时的价格，如此才能将其作为估价对象的价格。这种对可比实例成交价格进行的调整，称为交易日期调整。

5.5.2　进行交易日期调整

1. 交易日期调整的方法

在可比实例的成交日期至估价时点期间，随着时间的推移，房地产价格可能发生的变化有 3 种情况：①平稳；②上涨；③下跌。当房地产价格为平稳发展时，可不进行交易日期调整。而当房地产价格为上涨或下跌时，则必须进行交易日期调整，以使其符合估价时点时的房地产市场状况。进行交易日期调整常用的方法有百分率法和价格指数法。

1）百分率法

采用百分率法进行交易日期调整的一般公式为：

在估价时点时的价格 = 可比实例在成交日期时的价格 × 交易日期调整系数

其中，交易日期调整系数应以成交日期时的价格为基准来确定。假设从成交日期到估价时点，以经过前面修正后的可比实例价格为基准（下同），可比实例价格涨跌的百分率为 $\pm T\%$（从成交日期到估价时点，可比实例的价格上涨的，为 $+T\%$；下跌的，为 $-T\%$），则：

在估价时点时的价格 = 可比实例在成交日期时的价格 × $(1 \pm T\%)$

2）价格指数法

价格指数有定基价格指数和环比价格指数。在价格指数编制中，需要选择某个时期作为基期。如果是以某个固定时期作为基期的，称为定基价格指数；如果是以上一时期作为基期的，称为环比价格指数。

（1）采用定基价格指数法进行交易日期调整的公式为：

在估价时点时的价格 = 可比实例在成交日期时的价格 × 估价时点时的价格指数/成交日期时的价格指数

（2）采用环比价格指数法进行交易日期调整的公式为：

在估价时点时的价格 = 可比实例在成交日期时的价格 × 成交日期的下一时期的价格指数 × 再下一时期的价格指数 × … × 估价时点时的价格指数

房地产价格指数又可细分为：①全国房地产价格指数；②某地区房地产价格指数；③全国某类房地产价格指数；④某地区某类房地产价格指数。至于具体应选用哪种价格指数进行交易日期调整，要看具体的估价对象和有关情况。因为不同地区、不同用途或不同类型的房地产，其价格变动的方向和程度并不相同，如处在衰落旧城区的房地产和处在新兴开发地段上的房地产就是不同的。所以，最适用的房地产价格指数，是可比实例所在地区的同类房地产的价格指数。

2. 进行交易日期调整

在"任务4"中我们了解到评估助理王丽在做准备工作时，查找到了待估房地产所在地广州市海珠区2007年1～5月的住宅房地产环比价格指数（表4-4），估价师张诚决定采用环比价格指数法对可比实例进行交易日期调整，由于估价时点为2007年5月10日，其依据上述环比价格指数法进行调整的过程如下：

（1）可比实例A成交日期为2007年4月5日，其交易日期调整后价格为：

$$8913 \times 101.6/100 = 9056 \text{ 元}/m^2$$

其中101.6/100为可比实例A的交易日期调整系数。

（2）可比实例B成交日期为2007年3月2日，其交易日期调整后价格为：

$$8500 \times 102.4/100 \times 101.6/100 = 8843 \, 元/m^2$$

其中 $102.4/100 \times 101.6/100$ 为可比实例 B 的交易日期调整系数。

(3) 可比实例 C 成交日期为 2007 年 2 月 10 日，其交易日期调整后价格为：

$$8800 \times 100.7/100 \times 102.4/100 \times 101.6/100 = 9219 \, 元/m^2$$

其中 $100.7/100 \times 102.4/100 \times 101.6/100$ 为可比实例 C 的交易日期调整系数。

过程 5.6　房地产状况调整

如果可比实例房地产与估价对象房地产本身之间有差异，则还应对可比实例成交价格进行房地产状况调整，因为房地产价格还反映房地产本身的状况。进行房地产状况调整，是将可比实例在其房地产状况下的价格，调整为在估价对象房地产状况下的价格。因此，经过房地产状况调整后，就将可比实例在其房地产状况下的价格变成了在估价对象房地产状况下的价格。

5.6.1　明确房地产状况调整的内容

由于房地产状况可以分为区位、权益和实物三大方面，从而房地产状况调整可分为区位状况调整、权益状况调整和实物状况调整。

(1) 进行区位状况调整，是将可比实例房地产在其区位状况下的价格，调整为在估价对象房地产区位状况下的价格。区位状况比较、调整的内容主要包括：繁华程度、交通便捷程度、环境景观、公共服务设施完备程度（属于可比实例、估价对象以外的部分）、临路状况、朝向、楼层等影响房地产价格的因素。

(2) 权益状况调整，是将可比实例房地产在其权益状况下的价格，调整为在估价对象房地产权益状况下的价格。权益状况比较、调整的内容主要包括：土地使用年限，城市规划限制条件（如容积率）等影响房地产价格的因素。在实际估价中，遇到最多的是土地使用年限调整。

(3) 实物状况调整，是将可比实例房地产在其实物状况下的价格，调整为在估价对象房地产实物状况下的价格。实物状况比较、调整的内容很多，对于土地来说，主要包括面积大小、形状、基础设施完备程度（属于可比实例、估价对象之内的部分）、土地平整程度、地势、地质水文状况等影响房地产价格的因素；对于建筑物来说，主要包括新旧程度、建筑规模、建筑结构、设备、装修、平面格局、工程质量等影响房地产价格的因素。

5.6.2　房地产状况调整的方法

房地产状况调整常采用百分率法。采用百分率法进行房地产状况调整的一般公式为：

在估价对象房地产状况下的价格 = 可比实例在其房地产状况下的价格 × 房地产状况调整系数

在百分率法中，房地产状况调整系数应以估价对象房地产状况为基准来确定。假设可比实例在其房地产状况下的价格比在估价对象房地产状况下的价格高低的百分率为 $±R\%$（当可比实例在其房地产状况下的价格比在估价对象房地产状况下的价格高时，为 $+R\%$；低时，为 $-R\%$），则：

在估价对象房地产状况下的价格 = 可比实例在其房地产状况下的价格 × $1/(1±R\%)$

对不同用途的房地产进行区位状况和实物状况比较、调整时，具体比较、调整的内容及权重应有所不同。例如，居住房地产讲求宁静、安全、舒适；商业房地产着重繁华程度、交通条件；工业房地产强调对外交通运输条件等。

5.6.3 进行房地产状况调整

与待估房地产相比，可比实例 A 距公交站点稍远，但环境质量方面占优势，噪声会小些，其他方面两者相同。经以上对房地产状况的分析，估价师张诚依据经验作出判断：可比实例 A 比待估房地产价格低3%。类似地，张诚经分析认为可比实例 B 比待估房地产价格低2%、可比实例 C 比待估房地产价格高2%。因此，确定可比实例 A、B、C 的房地产状况修正系数分别为 $1/(1-3\%)$、$1/(1-2\%)$、$1/(1+2\%)$。

过程5.7　求取比准价格

5.7.1 求取某个与可比实例对应的比准价格的方法

由前述内容可知，市场法估价需要进行交易情况、交易日期、房地产状况三大方面的修正和调整。经过了交易情况修正后，就将可比实例的实际而可能不是正常的价格变成了正常价格；经过了交易日期调整后，就将可比实例在其成交日期时的价格变成了在估价时点时的价格；经过了房地产状况调整后，就将可比实例在其房地产状况下的价格变成了在估价对象房地产状况下的价格。这样，经过了以上三大方面的修正、调整后，就把可比实例房地产的实际成交价格，变成了估价对象房地产在估价时点时的客观合理价格。如果把这三大方面的修正、调整综合起来，得计算公式如下：

可比实例比准价格 = 可比实例价格 × 交易情况修正系数
× 交易日期调整系数 × 房地产状况调整系数

5.7.2 求取可比实例比准价格

将三个可比实例的成交价格及相应的交易情况修正系数、交易日期调整系数、

房地产状况调整系数分别代入上式,三个可比实例比准价格可计算如下:

可比实例 A 的比准价格 = 8913 × 1 × 101.6/100 × 1/(1 − 3%)
　　　　　　　　　　 = 9336 元/m²

可比实例 B 的比准价格 = 8500 × 1/(1 − 7%) × 102.4/100
　　　　　　　　　　　× 101.6/100 × 1/(1 − 2%)
　　　　　　　　　　 = 9703 元/m²

可比实例 C 的比准价格 = 8800 × 1/(1 − 5%) × 100.7/100
　　　　　　　　　　　× 102.4/100 × 101.6/100 × 1/(1 + 2%)
　　　　　　　　　　 = 9514 元/m²

过程 5.8　求取最终比准价格

每个可比实例的成交价格经过上述各项修正、调整之后,都会相应地得到一个比准价格。例如有 3 个可比实例,经过各项调整后会得到 3 个比准价格,这时需要将多个可比实例对应的比准价格综合成一个最终比准价格,以此作为市场法的测算结果。常用的方法有算术平均法和加权平均法。

考虑到可比实例 A 在位置上与待估房地产最邻近、房地产状况最相似、成交日期与估价时点最接近,而可比实例 B 次之,可比实例 C 更次之,张诚在确定最终比准价格时,赋予可比实例 A、B、C 的比准价格以不同的权重,分别为 0.5、0.3、0.2,采用加权平均法,确定待估房地产的最终比准价格为:

9336 × 0.5 + 9703 × 0.3 + 9514 × 0.2 = 9482 元/m²

过程 5.9　确定评估价格

为慎重起见张诚又采用收益法对待估房地产进行了价格测算,得出的结果为:房地产单价 9280 元/m²,经权衡,张诚确定待估房地产单价为 9400 元/m²,因此待估房地产的总价为:

102 × 9400 = 958800 元

张诚将这一评估结果报项目负责人李汉审核,经李汉审核并得到确认。

[任务拓展]

(1) 说出市场法的基本原理和操作步骤。

(2) 用市场法进行评估为什么要收集大量的交易实例?

(3) 某宗房地产成交价格为 100 万元,成交时支付 40 万元,一年后支付 30 万元,两年后支付剩余的 30 万元,若年利率为 10%,则该房地产正常成交价格是多少？

（4）为什么要进行交易情况修正、交易日期调整和房地产状况调整？

（5）某房地产交易成交价格为80万元，双方约定交易过程中的全部税费由卖方支付，若正常情况下房地产交易买卖双方应负担的税率为买方5%，卖方7%，则该房地产正常成交价格是多少？

（6）某房地产交易2006年6月的成交价格为6000元/m²。案例所在地区同类房地产2006年6~10月的价格指数分别为96.7、105.0、109.2、112.5、118.1（均以上个月为100），则该房地产成交价格调整到2006年10月后应是多少？

（7）某宗可比实例成交价格为9000元/m²，其房地产状况不如待估房地产，经分析其价格比待估房地产低2%，则该可比实例的房地产状况修正系数如何确定？

任务 6

评估商业房地产投资价值

[任务目标]
(1) 理解收益法的基本原理。
(2) 会预测房地产的净收益。
(3) 会用市场提取法求算房地产的投资报酬率。
(4) 会针对房地产净收益的不同情况选择收益法公式。
(5) 能用收益法评估房地产价格。

[任务背景]
小评所在的评估一部又接到了一个评估项目,即(2007)第065号评估项目,要评估顾客B位于广州市天河区天河南一路2008号的临街商铺在2007年6月2日的投资价值,该商铺建筑面积40m^2,土地使用权年限自1991年8月1日至2030年8月1日。根据安排,仍由估价师李汉担任该项目的负责人,他作出了与(2007)第061号评估项目类似的人员安排。在项目前期准备工作中,估价助理王丽收集了所需资料,小评进行了实地查勘,在此基础上,估价师张诚运用收益法对待估对象的投资价值进行了测算,以下是他的测算过程。

过程 6.1 明确测算的步骤

6.1.1 收益法的基本原理

收益法是预测估价对象的未来收益,然后利用报酬率将其转换为价值来求取估价对象价值的方法。这种方法适用的对象是有收益或有潜在收益的房地产，如住宅（特别是公寓）、写字楼、旅馆、商店、餐馆、游乐场、影剧院、停车场、加油站等。

收益法又分为收益乘数法和报酬资本化法。收益乘数法是一种较为粗略的方法，它以估价对象未来某一年的某种预期收益乘以适当的收益乘数来求取估价对象的价值，用公式可表达为：

$$房地产价值 = 年收益 \times 收益乘数$$

对应着不同种类的年收益，具体运用中公式又可能表现为多种形式，例如：

$$房地产价值 = 毛租金 \times 毛租金乘数$$

$$房地产价值 = 潜在毛租金 \times 潜在毛租金乘数$$

$$房地产价值 = 有效毛租金 \times 有效毛租金乘数$$

$$房地产价值 = 净收益 \times 净收益乘数$$

相比而言，报酬资本化法是一种较为精确的估价方法，它通过预测估价对象未来各期的净收益，选用适当的报酬率将其折算到估价时点后相加来求取估价对象的价值。报酬资本化法可以用公式表示为：

$$V = \frac{A_1}{1+Y_1} + \frac{A_2}{(1+Y_1)(1+Y_2)} + \cdots + \frac{A_n}{(1+Y_1)(1+Y_2)\cdots(1+Y_n)}$$

式中　　V——房地产在估价时点的收益价格，通常又称为现值；

　　　　n——房地产的收益期限，是从估价时点开始的未来可以获得收益的持续时间，通常为收益年限；

$A_1, A_2, \cdots, A_n$——房地产相对于估价时点而言的未来第1期，第2期，…，第n期末的净运营收益，通常简称净收益；

$Y_1, Y_2, \cdots, Y_n$——房地产相对于估价时点而言的未来第1期，第2期，…，第n期的报酬率（折现率）。

若假设净收益和报酬率每年均不变，分别为A、Y，在收益期限为有限年n的情况下，则报酬资本化法的公式表现为：

$$V = \frac{A}{Y}\left[1 - \frac{1}{(1+Y)^n}\right]$$

若假设未来第一年的净收益为A，以后净收益每年比上一年上涨的百分率均为g，报酬率每年均不变，为Y，在收益期限为有限年n的情况下，则报酬资本化法的公式为：

$$V = \frac{A}{Y-g}\left[1 - \left(\frac{1+g}{1+Y}\right)^n\right]$$

相反地，若以后净收益每年比上一年下降的百分率均为g，则报酬资本化法的公式为：

$$V = \frac{A}{Y+g}\left[1 - \left(\frac{1-g}{1+Y}\right)^n\right]$$

6.1.2 确定测算的步骤

估价师张诚决定采用报酬资本化法对估价对象投资价值进行评估,根据这种方法的原理,他决定通过以下步骤来进行测算:
(1) 预测净收益;
(2) 求取报酬率;
(3) 运用收益法公式计算收益价格。

过程 6.2 预测商铺的年净收益

6.2.1 净收益测算的基本原理

净收益的测算常基于租赁收入来进行,其原理可公式化表述为:

净收益 = 潜在毛收入 − 空置等造成的收入损失 − 运营费用
　　　 = 有效毛收入 − 运营费用
　　　 = 有效毛收入 × (1 − 运营费用率)

其中,潜在毛收入是假定房地产在充分利用、无空置(即100%出租)情况下的收入,有效毛收入,是由潜在毛收入扣除空置等造成的收入损失后的收入。因此,

有效毛收入 = 潜在毛收入 × (1 − 空置率)

空置等造成的收入损失是因空置、拖欠租金(延迟支付租金、少付租金或不付租金)以及其他原因造成的收入损失。

运营费用是维持房地产正常使用或营业所必需的费用。

净收益是由有效毛收入扣除运营费用后得到的归属于房地产的收入。

潜在毛收入、有效毛收入、运营费用、净收益通常以年度计,并假设在年末发生。空置等造成的收入损失一般是以潜在毛收入的某一百分率来计算,运营费用一般是以有效毛收入的某一百分率来计算的。

6.2.2 区分实际收益与客观收益

房地产的收益可分为实际收益和客观收益。实际收益是在现状下实际取得的收益,一般来说它不能直接用于估价。因为具体经营者的经营能力等对实际收益影响很大,如果将实际收益进行资本化,就会得到不切实际的结果。例如,城市中有一块空地,目前未作任何使用,实际收益为零,甚至为负数(因为要缴纳有关税费),但这并不表示该空地无价值。再如,某企业占用一宗交通便利的房地产,但由于经营不善,由收入减去费用所得的结果可能为负数,这也不意味着该宗房地产无价值。相反的情形,如一个交通不便、环境不太好的宾馆,但有特殊的关系能将一些会议、活动指定在该宾馆举行,因此可以获得较高的收益,却也并不意味着该宾馆的价值较高。

客观收益是排除了实际收益中属于特殊的、偶然的因素之后所能得到的正常

收益,一般来说只有这种收益才可以作为估价的依据。所以,估价中采用的潜在毛收入、有效毛收入、运营费用或者净收益,除了有租约限制的以外,都应采用正常客观的数据。为此,除了有租约限制的以外,利用估价对象本身的资料直接测算出潜在毛收入、有效毛收入、运营费用或者净收益后,还应与类似房地产在正常情况下的潜在毛收入、有效毛收入、运营费用或者净收益进行比较。如果与正常客观的情况不符,则应对它们进行适当的修正,使其成为正常客观的。

6.2.3 测算净收益

在该项目的准备工作中,估价助理王丽和小评通过资料收集和实地查勘,得到了待估商铺的情况和近期有过交易的类似商铺的租金、交易价格、空置率、运营费用率等资料,见表6-1所列。

估价对象及类似商铺资料　　　　表6-1

项目	估价对象	类似商铺A	类似商铺B	类似商铺C
位置	天河南一路2008号	天河南一路1997号	天河南一路2002号	体育西路118号
建筑面积（m²）	40	30	40	20
商服繁华度	很高	很高	很高	较高
人流量	距购物中心约600m,人流量较大	临近购物中心门口,人流量很大	靠近地铁口,人流量很大	距购物中心约900m,人流量较大
临街宽度（m）	8	6	8	4
出租日期	—	2007.4.5	2007.3.2	2007.2.10
出租价格（元/m²·月）	—	200	210	195
年租金（元/m²）		2400	2520	2340
转让价（元/m²）		18768	19411	17752
剩余使用年限	23	23	23	23
同类商铺空置率（%）		1		
同类商铺运营费用率（%）		15		
同类商铺租金年均涨幅（%）		2		

由上述资料,估价师张诚测算估价对象年净收益如下:

潜在毛收入 = (2400 + 2520 + 2340) ÷ 3 = 2420 元/m²

有效毛收入 = 潜在毛收入 × (1 - 空置率)

= 2420 × (1 - 1%)

= 2396 元/m²

净收益 = 有效毛收入 × (1 - 运营费用率)

$$= 2396 \times (1 - 15\%)$$
$$= 2037 \text{ 元}/m^2$$

过程 6.3　估算待估房地产的报酬率

6.3.1　了解估算报酬率的方法

房地产的报酬率是房地产的年投资回报与其投资额之比。常用的估算报酬率的方法有累加法和市场提取法。累加法常用的公式为：

报酬率 = 银行存款利率 + 风险等补偿

市场提取法是通过收集同一市场上三宗以上类似房地产的价格、净收益等资料，选用相应的收益法公式，反求出报酬率。实际评估过程中，对于出租的房地产，人们常通过以下公式来求取房地产报酬率（公式中各符号含义见过程 6.1 相关内容）：

$$V = \frac{A}{Y}\left[1 - \frac{1}{(1+Y)^n}\right]$$

6.3.2　估算报酬率

在估算报酬率时，估价师张诚决定采用市场提取法。根据表 6-1 的资料，他的计算过程如表 6-2 所示：

类似商铺报酬率估算表　　　　表 6-2

可比实例	年租金（元/m²）	年净租金（元/m²）	转让价（元/m²）	报酬率（%）
类似商铺 A	2400	2020	18768	9.4
类似商铺 B	2520	2121	19411	9.6
类似商铺 C	2340	1969	17752	9.8

取类似商铺 A、B、C 的报酬率的平均值作为待估房地产的报酬率：

$$(9.4\% + 9.6\% + 9.8\%) \div 3 = 9.6\%$$

过程 6.4　选取合适的公式求算收益价格

在预测了待估房地产的年净收益和报酬率后，考虑到待估房地产土地使用权年限截止时间为 2030 年 8 月 1 日，收益年限还剩约 23 年，估价师张诚求算收益价格如下：

$$V = \frac{A}{Y}\left[1 - \frac{1}{(1+Y)^n}\right]$$
$$= 2037 \div 9.6\% \times [1 - 1/(1+9.6\%)^{23}]$$
$$= 18642 \ 元/m^2$$

过程 6.5　评估价格的审核

在估价师张诚测算出待估房地产的收益价格后，作为项目负责人的估价师李汉对评估过程进行了审核，发现张诚在测算过程中未考虑年净收益的变化走势，即年均上涨2%，在选用收益法公式时出现错误。于是，张诚修改收益价格求算过程如下：

$$V = \frac{A}{Y-g}\left[1 - \left(\frac{1+g}{1+Y}\right)^n\right]$$
$$= 2037 \div (9.6\% - 2\%) \times [1 - (1+2\%)^{23}/(1+9.6\%)^{23}]$$
$$= 21670 \ 元/m^2$$

待估房地产总价为：$21670 \times 40 = 866800$ 元。

张诚又采用市场法对待估房地产价格进行了测算，两种方法测算结果十分接近，张诚最终以866800元作为待估房地产的投资价值。项目负责人李汉审核后确认了这一测算结果。

[任务拓展]

（1）说出收益法原理和工作思路。

（2）某宗房地产剩余收益年限为30年，收益期限内年净收益均为2万元，若该类房地产的报酬率为10%，则该房地产的收益价格为多少？

（3）某宗房地产剩余收益年限为20年，收益期限内第一年的净收益为2万元，且净收益每年比上年上涨2%，若该类房地产的报酬率为10%，则该房地产的收益价格为多少？

（4）银行发放房地产抵押贷款给购房人并在还款期内收取月供，也可以说是一种投资，与人们购买商铺收取租金的情形类似。参照报酬资本化法，说出贷款额和月供之间的关系。

（5）某人看中了一套二房二厅的商品房，总价为60万元。现在他有存款30万元，每月可用于供楼的资金为1700元，若银行商业贷款30年月利率为5‰，请计算他是否供得起这套商品房。

任务 7

评估工业房地产抵押价值

[任务目标]
(1) 熟悉房地产价格的构成。
(2) 理解成本法的基本原理和操作步骤。
(3) 会利用基准地价修正法求算土地价格。
(4) 了解建筑物重新购建价格的求取方法。
(5) 会利用直线法计算建筑物折旧。
(6) 能利用成本法计算房地产价格。

[任务背景]
小评所在的评估一部接到一宗银行委托的房地产抵押评估任务,编号为(2007) 第 073 号评估项目。估价对象是一个专用厂房,坐落在广州市城市建成区内,土地总面积 2500m²,总建筑面积 2500m²,在 2000 年 7 月补办了土地使用权出让手续,建筑物建成于 1995 年 7 月底,建筑结构为钢筋混凝土结构。估价要求是评估该专用厂房 2007 年 7 月 30 日的抵押价值。仍由估价师李汉担任该项目的负责人,他作出了与"任务 5"中(2007) 第 061 号评估项目类似的人员安排。在项目前期准备工作中,评估助理王丽收集了所需资料,小评辅助进行了实地查勘,在此基础上,估价师张诚运用成本法对估价对象的抵押价值进行了测算,以下是张诚的测算过程。

过程 7.1　确定成本法评估的操作步骤

7.1.1　明确房地产价格的构成

从成本角度来看，房地产价格通常由以下 7 大项构成：①土地取得成本；②开发成本；③管理费用；④投资利息；⑤销售费用；⑥销售税费；⑦开发利润。土地取得成本是指取得房地产开发用地所必需的费用、税金等。开发成本是指在取得的房地产开发用地上进行基础设施和房屋建设所需的直接费用、税金等。管理费用是指为组织和管理房地产开发经营活动所必需的费用，在估价时管理费用通常可按照土地取得成本与开发成本之和乘以一定比率来测算。投资利息包括土地取得成本、开发成本和管理费用的利息。销售费用是指销售开发完成后的房地产所必需的费用，销售费用通常按照售价乘以一定比率来测算。销售税费是指销售开发完成后的房地产应由房地产开发商（此时作为卖方）缴纳的税费，在估价时通常按照售价乘以一定比率来测算。开发利润是在正常条件下房地产开发商所能获得的平均利润，开发利润在估价时通常按照售价乘以销售利润率来求取。其中：

$$销售利润率 = \frac{开发利润}{开发完成后的房地产价值}$$

7.1.2　明确成本法基本原理

成本法是先分别求取估价对象在估价时点的重新购建价格和折旧，然后将重新购建价格减去折旧来求取估价对象价值的方法。成本法的本质是以房地产的重新开发建设成本为导向求取估价对象的价值。成本法适用的对象：只要是新近开发建设、可以假设重新开发建设或者计划开发建设的房地产，都可以采用成本法估价，成本法特别适用于那些既无收益又很少发生交易的房地产估价，如学校、图书馆、体育场馆、医院、行政办公楼、军队营房、公园等。成本法的基本公式为：

$$房地产价格 = 土地重新取得价格 + 建筑物重新购建价格 - 建筑物的折旧$$

7.1.3　确定成本法的操作步骤

本估价对象为专用厂房，很少出现买卖，也无直接、稳定的经济收益，故张诚选用成本法进行估价。根据成本法的原理，他确定分 4 个步骤进行测算：①测算土地重新取得价格；②测算建筑物重新购建价格；③测算建筑物折旧；④求取积算价格。

过程7.2　求算土地重新取得价格

7.2.1　求算土地重新取得价格的思路

由于该土地坐落在城市建成区内，政府已公布基准地价，故拟通过如下两个途径求取该土地的重新取得价格：①参照所在区域的基准地价，利用基准地价修正法；②采用市场法，利用当地类似出让土地使用权的出让或转让价格来求取。

7.2.2　采用基准地价修正法求取土地重新取得价格

1. 明确基准地价修正法的基本原理

在有了基准地价的地区，可通过基准地价的修正来评估。这种方法是通过具体区位、土地使用年限、容积率、土地形状、临街状况等的比较，由估价对象宗地所处地段的基准地价调整得出估价对象宗地价格的一种估价方法。其公式可表述为：

待估土地价格 = 基准地价 × 交易日期调整系数 × 土地状况调整系数

运用基准地价修正法估价应按如下步骤进行：①收集有关基准地价的资料；②查出估价对象所处地段的基准地价；③进行交易日期调整；④进行土地状况调整；⑤求出估价对象宗地的价格。

2. 采用基准地价修正法求取土地重新取得价格

在项目前期准备工作中，估价助理王丽收集了待估房地产所在区域的地价资料，了解到该区域的工业用地基准地价为620元/m^2。该基准地价的内涵是：正常市场条件、"五通一平"、容积率为1的楼面地价，基准地价的价格基准日为2004年12月31日。

经调查分析，自2004年12月份至2007年7月份，待估房地产所处区域的工业用地价格平均上涨了10%，需对基准地价进行交易日期调整；待估房地产的土地开发程度和容积率等土地状况均与基准地价内涵一致，无需对基准地价进行土地状况调整。

基于上述分析，估价师张诚采用基准地价修正法求取土地重新取得价格如下：

楼面地价 = 620 × (1 + 10%)

= 682 元/m^2

7.2.3　采用市场法求取土地重新取得价格

调查选取了A、B、C三个可比实例，并根据可比实例的交易情况、成交日期、房地产状况，考虑估价时点和待估土地的房地产状况，按照市场法的公式，分别求取比准价格如下：

可比实例A：土地面积2300m^2，成交日期2007年5月，楼面地价605元/m^2，其比准价格计算如下：

605 × 100/100 × 107/100 × 100/95 = 681.4 元/m^2

其中 100/100、107/100、100/95 分别为可比实例 A 的交易情况修正系数、交易日期调整系数、房地产状况调整系数。

可比实例 B：土地面积 3000m²，成交日期 2007 年 2 月，楼面地价 710 元/m²，其比准价格计算如下：

$$710 \times 100/100 \times 103/100 \times 100/106 = 689.9 \text{ 元}/m^2$$

其中 100/100、103/100、100/106 分别为可比实例 B 的交易情况修正系数、交易日期调整系数、房地产状况调整系数。

可比实例 C：土地面积 2500m²，成交日期 2007 年 6 月，楼面地价 633 元/m²，其比准价格计算如下：

$$633 \times 100/95 \times 101/100 \times 100/99 = 679.8 \text{ 元}/m^2$$

其中 100/95、101/100、100/99 分别为可比实例 C 的交易情况修正系数、交易日期调整系数、房地产状况调整系数。

通过取算术平均值来确定最终比准价格：

$$\text{楼面地价} = (681.4 + 689.9 + 679.8) \div 3 = 684 \text{ 元}/m^2$$

由以上两个途径求得估价对象土地的单价分别为 682 元/m² 和 684 元/m²。张诚对该房地产的估价主要是以后者为基础，但对于前者也加以充分考虑，最终确定楼面地价为 680 元/m²。

$$\begin{aligned}\text{土地总价} &= \text{楼面地价} \times \text{建筑总面积} \\ &= 680 \times 2500 \\ &= 1700000 \text{ 元}\end{aligned}$$

这样就得到了待估房地产的土地重新购建价格为 1700000 元。

过程 7.3　测算建筑物重新购建价格

7.3.1　求取建筑物重新购建价格的方法

求取建筑物重新购建价格的具体方法，有单位比较法、分部分项法、工料测量法等。

单位比较法是以估价对象建筑物为整体，选取某种与该建筑物造价密切相关的计量单位为比较单位，通过调查、了解估价时点类似建筑物的该种单位的造价，并对其作适当的修正、调整，来求取建筑物重新购建价格的方法。

分部分项法是先假设将估价对象建筑物分解为各个独立的构件或分部分项工程，然后测算各个独立构件或分部分项工程的数量，再调查、了解估价时点各个独立构件或分部分项工程的单位价格或成本，最后将各个独立构件或分部分项工程的数量乘以相应的单位价格或成本后相加，来求取建筑物重新购建价格的方法。

工料测量法是先假设将估价对象建筑物分解还原为建筑材料、建筑构配件和建筑设备，然后测算重新建造该建筑物所需要的建筑材料、建筑构配件、建筑设备的种类、数量和人工时数，再调查、了解估价时点相应建筑材料、建筑构配件、建筑设备的单价和人工费标准，最后将各种建筑材料、建筑构配件、建筑设备的数量和人工时数乘以相应的单价和人工费标准后相加，来求取建筑物重新购建价格的方法。

7.3.2 测算建筑物重新购建价格

经查阅估价助理王丽的调查资料，并参阅广东省建筑工程综合定额，张诚了解到在估价时点2007年7月30日与估价对象类似的建筑物的重新购建价格为1000元/m^2，故：

$$估价对象建筑物的重新购建总价 = 1000 \times 2500 = 2500000 元$$

过程7.4 测算建筑物折旧

7.4.1 明确折旧的含义

估价上的建筑物折旧是指由于物质磨损、功能落后以及建筑物本身以外的不利影响等各种原因而造成的建筑物价值损失，其数额为建筑物在估价时点时的市场价值与重新购建价格的差额，即：

$$建筑物折旧 = 建筑物重新购建价格 - 建筑物市场价值$$

7.4.2 了解计算折旧的方法

1. 求取建筑物折旧的常用方法

求取建筑物折旧的常用方法是直线法。直线法把建筑物的折旧建立在建筑物的经济寿命、有效经过年数和剩余经济寿命之间关系的基础上，并认为在建筑物的经济寿命期间每年的折旧额相等。

建筑物的寿命分为自然寿命和经济寿命。建筑物的自然寿命是指从建筑物竣工之日开始到由于建筑物主要结构构件和设备的自然老化或损坏而不能继续保证建筑物安全使用为止的时间。建筑物的经济寿命是指从建筑物竣工之日开始到建筑物对房地产价值不再有贡献为止的时间。如收益性建筑物的经济寿命，具体是从建筑物竣工之日开始在正常市场和运营状态下产生的收入大于运营费用的持续时间。

建筑物的经过年数分为实际经过年数和有效经过年数。建筑物的实际经过年数是指从建筑物竣工之日开始到估价时点为止的日历年数。建筑物的有效经过年数是指估价时点时的建筑物状况和效用所显示的经过年数。建筑物的有效经过年数可能相当于、也可能短于或长于其实际经过年数：①当建筑物的维修养护为正常的，其有效经过年数与实际经过年数相当；②当建筑物的维修养护比正常维修养护好或者经过更新改造的，其有效经过年数短于实际经过年数；③当建筑物的维修养护比正常维修养护差的，其有效经过年数长于实际经过年数。

在利用直线法求取折旧时，建筑物寿命应为经济寿命，经过年数应为有效经过年数。

2. 求取年折旧额

年折旧额的计算公式为：

$$D = (C - S)/N$$
$$= C(1 - R)/N$$

式中　D——年折旧额；

　　　C——建筑物的重新购建价格；

　　　S——建筑物的净残值，是建筑物的残值减去清理费用后的余额；建筑物的残值是预计建筑物达到经济寿命后，不宜继续使用时，经拆除后的旧料价值；清理费用是拆除建筑物和搬运废弃物所发生的费用；

　　　N——建筑物的经济寿命；

　　　R——建筑物的净残值率，简称残值率，是建筑物的净残值与其重新购建价格的比率。

有效经过年数为 t 年的建筑物折旧总额的计算公式为：

$$E_t = D \times t$$
$$= (C - S)t/N$$
$$= C(1 - R)t/N$$

采用直线法折旧下的建筑物现值的计算公式为：

$$V = C - E_t$$
$$= C - (C - S)t/N$$
$$= C[1 - (1 - R)t/N]$$

式中　V——建筑物的现值；

　　　E_t——建筑物折旧总额。

7.4.3　土地使用年限对建筑物经济寿命的影响

求取建筑物折旧时应注意土地使用年限对建筑物经济寿命的影响。在实际估价中，土地是有期限的使用权，建筑物经济寿命结束的时间可能与土地使用年限届满的时间不一致，因此，计算建筑物折旧时所采用的经济寿命应针对不同情况分别处理。

（1）建筑物的经济寿命早于土地使用年限而结束的，应按照建筑物的经济寿命计算建筑物的折旧。

（2）建筑物的经济寿命晚于土地使用年限而结束的，应按照建筑物的实际经过年数加上土地使用权的剩余年限计算建筑物的折旧。

7.4.4　计算折旧

参照房屋折旧的有关规定，结合实际观察并根据经验判断，张诚认为该专用厂房建筑物的经济寿命为 60 年，残值率为零，有效经过年数为 12 年。故：

估价对象建筑物的折旧总额为：
$$E_t = C(1-R)t/N$$
$$= Ct/N$$
$$= 2500000 \times 12 \div 60$$
$$= 500000 \text{ 元}$$

过程 7.5　求取积算价格

在上述测算的基础上，张诚利用成本法基本公式来求取待估房地产价格：
　　房地产价格 = 土地重新购建价格 + 建筑物重新购建价格 - 建筑物折旧
　　　　　　 = 1700000 + 2500000 - 500000
　　　　　　 = 3700000 元

张诚将这一测算过程和结果报项目负责人李汉审核，经过审核，李汉认可了这一测算结果。

[任务拓展]

（1）试述利用成本法评估房地产价格的基本思路。

（2）对照成本法的基本公式，写出针对一宗"三通一平"的熟地的成本法公式。

（3）某建筑物的建筑面积100m²，单位建筑面积的重置价格为500元/m²，判定其有效经过年数为10年，经济寿命为30年，残值率为5%。试用直线法计算该建筑物的年折旧额、折旧总额，并计算其现值。

任务 8

评估待开发房地产投标参考价格

[任务目标]
（1）理解假设开发法的基本原理。
（2）熟悉假设开发法的操作步骤。
（3）会依据规划条件确定土地最佳开发利用方式。
（4）能合理确定开发成本和各项费用及税费。
（5）会利用假设开发法基本公式计算房地产价格。

[任务背景]
评估一部又接到一宗房地产估价任务，即编号为（2007）第 075 号的评估项目，估价对象是一块"三通一平"的建设用地，土地总面积 $10000m^2$，土地形状规则，规划许可用途为商业和居住，容积率不大于 5，建筑覆盖率不大于 50%，土地使用年限为 50 年。根据委托方要求，评估一部安排估价师张诚，评估该块土地于 2007 年 8 月 9 日的投标参考价格，以下是张诚的测算过程。

过程 8.1　明确假设开发法评估的操作步骤

8.1.1　明确假设开发法的基本原理

假设开发法又称剩余法，是将预测的估价对象未来开发完成后的价值，减去未来的正常开发成本、税费和利润等，以此求取估价对象的客观合理价格或价值的方法。假设开发法适用于具有投资开发或再开发潜力的待开发房地产的估价，如待开发的土地、在建工程、可装修改造或可改变用途的旧房等的估价。假设开发法的基本公式为：

开发房地产的价值 = 开发完成后的房地产价值 − 开发成本
− 管理费用 − 销售费用 − 销售税费
− 投资者购买待开发房地产应负担的税费

8.1.2 明确假设开发法评估的操作步骤

该块土地属于待开发房地产，适合用假设开发法进行估价。运用假设开发法估价分为下列7个步骤进行：①根据待开发房地产的基本情况选择最佳的开发利用方式；②估计开发经营期；③预测开发完成后的房地产价值；④测算开发成本、管理费用；⑤测算销售费用、销售税费；⑥投资者购买待开发房地产应负担的税费；⑦进行具体计算，求出待开发房地产的价值。

过程8.2 选择最佳的开发利用方式

1. 最高最佳使用的概念

最高最佳使用原则要求房地产估价应以估价对象的最高最佳使用为前提进行。所谓最高最佳使用，是指法律上许可、技术上可能、经济上可行，经过充分合理的论证，能使估价对象的价值达到最大的一种最可能的使用。可见，最高最佳使用必须同时符合4个标准：①法律上许可；②技术上可能；③经济上可行；④价值最大化。特别需要指出的是，最高最佳使用不是无条件的最高最佳使用，而是在法律（包括法律、行政法规、城市规划、土地使用权出让合同等）允许范围内的最高最佳使用，即在合法原则的基础上的最高最佳使用。

房地产估价为什么要遵循最高最佳使用原则？这是因为在现实的房地产经济活动中，每个房地产拥有者都试图充分发挥其房地产的潜力，采用最高最佳的使用方式，以取得最大的经济利益。这一估价原则也是房地产在利用上竞争与优选的结果。因此，在估价中不仅要遵循合法原则，而且要遵循最高最佳使用原则。最高最佳使用具体包括3个方面：①最佳用途；②最佳规模；③最佳集约度。

2. 确定最高最佳使用方式的方法

寻找最高最佳使用方式的方法，是先尽可能地设想出各种潜在的使用方式，然后从下列4个方面依序筛选：

（1）法律上的许可性。对于每一种潜在的使用方式，首先检查它是否为法律所允许。如果是法律不允许的，应被淘汰。

（2）技术上的可能性。对于法律所允许的每一种使用方式，要检查它在技术上是否能够实现，包括建筑材料性能、施工技术手段等能否满足要求。如果是技术上达不到的，应被淘汰。

（3）经济上的可行性。对于法律上允许、技术上可能的每一种使用方式，还要进行经济可行性检验。经济可行性检验的一般做法是：针对每一种使用方式，首先预测它未来的收入和支出流量，然后将未来的收入和支出流量用现值表示，再将这两者进行比较。只有收入现值大于支出现值的使用方式才具有经济可行性，否则应被淘汰。

（4）价值是否最大。在所有具有经济可行性的使用方式中，能使估价对象的价值达到最大的使用方式，才是最高最佳的使用方式。

3. 确定待估房地产的最高最佳使用方式

待开发房地产规划允许的用途为商业和居住，容积率不大于5，建筑覆盖率不大于50%。据调查，周边为较成熟的居住区，有较好的商业氛围，通过市场调查研究，得知该块土地的最佳开发利用方式如下：

（1）用途为商业与居住混合。

（2）容积率达到最大的允许程度，即为5，故

$$总建筑面积 = 土地总面积 \times 容积率$$
$$= 10000 \times 5$$
$$= 50000 m^2$$

（3）建筑覆盖率适宜为30%。建筑物层数确定为18层，其中，1~2层的建筑面积相同，均为3000m^2，适宜为商业用途；3~18层的建筑面积相同，均为2750m^2，适宜为居住用途，故商业用途的建筑面积为6000m^2，居住用途建筑面积为44000m^2。

过程8.3　求取开发周期

8.3.1　开发经营期的含义

开发经营期的起点是（假设）取得估价对象（待开发房地产）的日期，即估价时点，终点是预计未来开发完成后的房地产经营结束的日期。开发经营期可分为开发期和经营期。

开发期可称为开发建设期，其起点与开发经营期的起点相同，终点是预计待开发房地产开发完成（竣工）的日期。对于在土地上进行房屋建设的情况来说，开发期又可分为前期和建造期。前期是从取得待开发土地到动工开发（开工）的这段时间。建造期是从动工开发到房屋竣工的这段时间。

经营期根据未来开发完成后的房地产的不同经营使用方式而可以具体化。未来开发完成后的房地产的经营使用方式，主要有销售（包括预售，下同）、出租、营业、自用。因此，经营期可以具体化为销售期（针对销售这种情况）和运营期（针对出租、营业、自用这些情况）。销售期是从开始销售已开发完成或未来开发完成的房地产到将其全部销售完毕的日期。销售未来开发完成的房地产，即预售。在有预售的情况下，销售期与开发期有重合。运营期的起点通常是待开发房地产开发完成（竣工）的日期，终点是开发完成后的房地产经济寿命结束的日期。

开发经营期、开发期、经营期等之间的关系如图 8-1 所示。

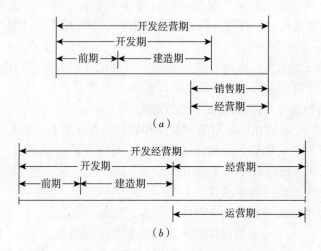

图 8-1 开发经营期、开发期、经营期等之间的关系
（a）销售（含预售）的情况；（b）出租或营业、自用的情况

8.3.2 求取开发经营期的目的和方法

确定开发经营期的目的，是为了把握开发成本、管理费用、销售费用、销售税费等发生的时间和数额，预测开发完成后的房地产售价或租金以及各项收入和支出的折现或计算投资利息等。确定开发经营期的方法可采用类似于市场法的方法，即根据同一地区、相同类型、同等规模的类似开发项目已有的正常开发经营期来估计。

8.3.3 求取待开发房地产的开发周期

根据对类似开发项目的调查分析，预计该开发项目共需 3 年时间才能完全建成投入使用，即 2010 年 6 月建成。

过程 8.4 求取开发完成后的房地产价值

8.4.1 开发完成后的房地产价值的含义

开发完成后的房地产价值，是指开发完成时的房地产状况的市场价值。该市场价值所对应的日期，通常也是开发完成时的日期，而不是在购买待开发房地产时或开发期间的某个日期。

8.4.2 预测开发完成后的房地产价值

根据对估价对象所处的房地产市场的调查分析，预计商业部分在建成后可全部售出，居住部分在建成后可售出30%，半年后可再售出50%，其余20%需1年后才能售出；商业部分在出售时的平均价格为每平方米建筑面积4500元，居住部分在出售时的平均价格为每平方米建筑面积2500元，贷款年利率为14%，则：

$$\begin{aligned}\text{开发完成后的}\\\text{房地产价值}\end{aligned} = \frac{4500 \times 6000}{(1+14\%)^3} + 2500 \times 44000$$

$$\times \left[\frac{30\%}{(1+14\%)^3} + \frac{50\%}{(1+14\%)^{3.5}} + \frac{20\%}{(1+14\%)^4} \right]$$

$$= 8829.33 \text{ 万元}$$

过程8.5 测算开发成本、管理费用

参照类似项目的各项成本、费用，经过市场法测算，张诚得到以下数据：建筑安装工程费预计为每平方米建筑面积1200元，勘察设计、前期工程费和管理费等预计为每平方米建筑面积500元；估计在未来3年的开发期内，开发建设费用（包括勘察设计和前期工程费、建筑安装工程费、管理费等）的投入情况如下：第一年需投入20%，第二年需投入50%，第三年投入余下的30%。据此，张诚测算开发成本和管理费用，即开发建设费用总额如下：

$$\begin{aligned}\text{开发建设}\\\text{费用总额}\end{aligned} = (1200+500) \times 50000$$

$$\times \left[\frac{20\%}{(1+14\%)^{0.5}} + \frac{50\%}{(1+14\%)^{1.5}} + \frac{30\%}{(1+14\%)^{2.5}} \right]$$

$$= 6921.57 \text{ 万元}$$

过程8.6 测算销售费用和销售税费

依据调查分析同类待开发房地产的销售费用和税费情况，确定待估房地产销售费用和销售税费预计为售价的9%，其中广告宣传和销售代理费为售价的3%，两税一费和交易手续费等为售价的6%。

$$\begin{aligned}\text{销售费用和销售税费总额} &= \text{建成后的总价值} \times 9\% \\ &= 8829.33 \times 9\% \\ &= 794.64 \text{ 万元}\end{aligned}$$

过程8.7 计算购买该块土地的税费

投资者购买待开发房地产应负担的税费，是假定一旦购买了待开发房地产，

在交易时作为买方应负担的有关税费,如契税、交易手续费等。该项税费通常是根据当地的规定,按待开发房地产价值的一定比率测算。

据调查,按照广州市的有关规定,如果得到该土地,还需要按取得价款的3%缴纳有关税费,因此:

$$购地税费总额 = 总地价 \times 3\%$$

过程8.8 计算待估房地产的投标参考价

根据假设开发法的原理,将上述各项成本、费用代入假设开发法基本公式中,

$$总地价 = 8829.33 - 6921.57 - 794.64 - 0.03 \times 总地价$$

$$总地价 = \frac{8829.33 - 6921.57 - 794.64}{1 + 0.03}$$

$$= 1080.70 万元$$

估价结果:以上述计算结果为主,并参考经验,将总地价确定为1080万元。

对于房地产开发用地的估价,通常要给出三种价格形式,即总地价、单位地价和楼面地价。这样,该块土地在2007年8月9日的投标参考价格为:总地价1080万元,单位地价1080元/m^2,楼面地价216元/m^2。

[任务拓展]

(1) 什么是假设开发法?

(2) 假设开发法适用于评估哪些房地产的价值?

(3) 假设开发法估价的操作步骤是什么?

(4) 参照假设开发法的基本公式,说出对应于将在建工程续建成房屋的假设开发法公式。

(5) 参照假设开发法的基本公式,说出对应于将旧房装修改造成新房的假设开发法公式。

(6) 确定开发经营期有何意义?

(7) 如何求取开发完成后的房地产价值?

(8) 如何求取开发成本、管理费用、销售费用、销售税费?

任务 9

撰写及使用估价报告

[任务目标]
(1) 明确估价报告的撰写要求。
(2) 会撰写估价报告。
(3) 能看懂估价报告。
(4) 会计算评估服务费。
(5) 了解估价报告使用及管理方面的要求。

[任务背景]
在任务5、任务6、任务7和任务8中,估价师张诚分别测算了估价对象的价格。为了向委托方提交最终测算结果,需要按照估价报告的编写要求撰写估价报告。以下是他撰写估价报告的过程和估价报告的交付过程。

过程 9.1　明确估价报告的撰写要求

9.1.1　估价报告的概念

估价人员在确定了最终的估价结果之后,应当撰写估价报告。估价报告可视为估价机构提供给委托人的"产品",它是在完成估价后给委托人的正式答复,是关于估价对象的客观合理价格或价值的研究报告,也是全面、公正、客观、准确地记述估价过程、反映估价成果的文件。

估价报告质量的高低,除了取决于估价结果的准确性、估价方法选用的正确性、参数选取的合理性外，还取决于估价报告的文字表述水平、文本格式及印刷质量。前者可以说是估价报告的内在质量，后者可以说是估价报告的外在质量，两者不可偏废。

9.1.2　对估价报告的总要求

估价报告应全面、公正、客观、准确地记述估价过程和结论。具体来说应做到下列几点：

（1）全面性。估价报告应完整地反映估价所涉及的事实、推理过程和结论，正文内容和附件资料应齐全、配套，使估价报告使用者能够准确地理解估价结果。

（2）公正性和客观性。估价报告应站在中立的立场上对影响估价对象价值的因素进行客观的介绍、分析和评论，作出的结论应有充分的依据。

（3）准确性。估价报告的用语应力求清楚、准确，避免使用模棱两可或易生误解的文字，对未经查实的事项不得轻率写入，对难以确定的事项应予以说明，并描述其对估价结果可能产生的影响。

（4）概括性。估价报告应使用简洁的文字对估价中所涉及的内容进行高度概括，对获得的大量资料应在科学鉴别与分析的基础上进行筛选，选择典型、有代表性、能反映事情本质特征的资料来说明情况和表达观点。

（5）估价报告的纸张、封面设计、排版、装订应有较好的质量，尽量做到图文并茂。估价报告文本的外形尺寸应当统一，如统一采用国际标准 A4 型。

9.1.3　估价报告的组成和内容

一份完整的估价报告通常由 8 个部分组成：①封面；②目录；③致委托人函；④估价师声明；⑤估价的假设和限制条件；⑥估价结果报告；⑦估价技术报告；⑧附件。

1. 封面

封面的内容一般包括下列几项：

（1）标题。这是指估价报告的名称，如"房地产估价报告"。

（2）估价项目名称。说明该估价项目的全称。通常是采用估价对象的名称。

（3）委托人。说明该估价项目的委托人的名称或者姓名。其中，委托人为单位的，为单位全称；委托人为个人的，为其姓名。

（4）估价机构。说明受理该估价项目的估价机构的全称。

（5）估价作业期。说明该估价项目估价的起止年、月、日，即决定受理估价委托的年、月、日至出具估价报告的年、月、日。

（6）估价报告编号。说明该估价报告在估价机构内的编号，以便于归档和今后的统计、查找等。

2. 目录

目录中通常按前后次序列出估价报告的各个组成部分的名称、副标题及其对应的页码，以使委托人或估价报告使用者对估价报告的框架和内容有一个总体了解，并容易找到其感兴趣的内容。

3. 致委托人函

致委托人函是正式地将估价报告呈送给委托人的信件，在不遗漏必要事项的基础上应尽量简洁。其内容一般包括下列几项：

（1）致函对象。是指委托人。

（2）致函正文。说明估价目的、估价对象、估价时点、估价结果、估价报告应用有效期（是指使用估价报告不得超过的时间界限，从估价报告出具日期起计算。估价报告应用有效期最长不宜超过一年，可以是半年或三个月。估价报告应用有效期的表达形式为：自本估价报告出具之日起多长时间内有效；或者自本估价报告出具之日起至未来某个年、月、日止。估价报告应用有效期不同于估价责任期。如果估价报告在其有效期内得到使用，则估价责任期应是无限期的；如果估价报告超过了其有效期还未得到使用，则估价责任期就是估价报告有效期）。另外，通常说明随此函附交一份（或多份）估价报告。

（3）致函落款。为估价机构的全称，加盖估价机构公章，并由法定代表人或负责该估价项目的估价师签名、盖章。

（4）致函日期。这是指致函时的年、月、日，也即正式出具估价报告的日期——估价报告出具日期。

4. 估价师声明

在估价报告中应包含一份由所有参加该估价项目的估价师签字、盖章的声明。该声明告知委托人和估价报告使用者，估价师是以客观公正的方式进行估价的，同时它对签字的估价师也是一种警示。估价师声明通常包括下列内容：

我保证，在我的知识和能力的最佳范围内：

（1）估价报告中对事实的陈述，是真实、完整和准确的。

（2）估价报告中的分析、意见和结论，是我公正的专业分析、意见和结论，但要受估价报告中已说明的假设和限制条件的限制和影响。

（3）我与估价报告中的估价对象没有任何（或有已载明的）利益关系，对与该估价对象相关的各方当事人没有任何（或有已载明的）偏见，也没有任何（或有已载明的）个人利害关系。

（4）我是依照中华人民共和国国家标准《房地产估价规范》的规定进行分析，形成意见和结论，撰写本估价报告的。

（5）我已对（或没有对）估价报告中的估价对象进行了实地查勘（如果不止一人签署该估价报告，应清楚地列出对估价对象进行了实地查勘的估价人员的姓名和没有对估价对象进行实地查勘的估价人员的姓名）。

（6）我在该估价项目中没有得到他人的重要专业帮助（如果有例外，应说明提供了重要专业帮助者的姓名、专业背景及其所提供的重要专业帮助的内容）。

（7）其他需要声明的事项。

5. 估价的假设和限制条件

估价的假设和限制条件是说明估价的假设前提，未经调查确认或无法调查确认的资料数据，在估价中未考虑的因素和一些特殊处理及其可能的影响，估价报告使用的限制条件等。例如，说明没有进行面积测量，或者说明有关估价对象的资料来源被认为是可靠的。

在估价报告中陈述估价的假设和限制条件，一方面是规避风险、保护估价机构和估价人员，另一方面是告知、保护委托人和估价报告使用者。

6. 估价结果报告

估价结果报告应简明扼要地说明下列内容：

（1）委托人（包括名称或者姓名、地址、电话等）。
（2）估价机构（包括名称或者姓名、地址、电话等）。
（3）估价人员（列出所有参加该估价项目的估价人员的姓名及其执业资格、从业执业或专业技术职务等，以及在该估价项目中的角色，并由本人签名、盖章）。
（4）估价目的。
（5）估价时点。
（6）估价对象。
（7）评估价值定义（说明估价所采用的价值标准或价值内涵，如公开市场价值）。
（8）估价依据（说明估价所依据的法律、法规、政策和标准、规范，委托人提供的有关资料，估价机构和估价人员掌握和收集的有关资料）。
（9）估价原则。
（10）估价方法。
（11）估价结果。
（12）估价作业期。
（13）估价报告应用有效期。
（14）其他说明。

7. 估价技术报告

估价技术报告一般包括下列内容：

（1）详细介绍估价对象的区位、实物和权益状况。
（2）详细分析影响估价对象价值的各种因素。
（3）详细说明估价的思路和采用的方法及其理由。
（4）详细说明估价的测算过程、参数选取等。
（5）详细说明估价结果及其确定的理由。

8. 附件

把可能会打断叙述部分的一些重要资料放入附件中。附件通常包括估价对象的位置图，四至、周围环境和景观的图片，土地形状图，建筑平面图，建筑物外观和内部状况的图片，估价对象的权属证明，估价中引用的其他专用文件资料，估价机构和估价人员的资格证明，专业经历和业绩等。

过程 9.2　撰写估价报告

按照上述撰写估价报告的要求,估价师张诚分别完成了任务 5、任务 6、任务 7 和任务 8 中四宗房地产评估项目的估价报告,本书附录 2 "住宅房地产转让价格评估报告样例" 是他针对任务 5 中（2007）第 061 号评估项目（广州市海珠区逸景翠园叠景轩 D 座 803 房的住宅房地产转让价格评估）所撰写的估价报告。

过程 9.3　使用估价报告

9.3.1　审核估价报告

为保证估价报告的质量,估价机构应当建立估价报告内部审核制度,由资深估价人员按照合格估价报告的要求,对撰写出的估价报告进行全面审核,并确认估价结果的合理性。

对估价报告进行审核,类似于对生产出的产品在出厂前进行的质量检验,是防范估价风险的最后一道防线。对于经审核认为不合格的估价报告,要作修改或者重新撰写。只有经审核合格的估价报告,才能够出具给委托人。

在估价报告审核中,要做好审核记录。完成审核后,审核人员应在审核记录上签名,并注明审核日期。

9.3.2　出具估价报告

估价报告经审核合格后,由负责该估价项目的专职注册房地产估价师签名、盖章,以估价机构的名义出具,并由负责该估价项目的估价人员及时交付给委托人。估价人员在交付估价报告时,可就估价报告中的某些问题作口头说明或解释,至此完成了对委托人的估价服务。

9.3.3　收取评估服务费

1. 明确评估服务费计算方法

交付估价报告的同时,评估公司往往同时向委托方收取评估服务费,评估服务费的收费标准依据国家计委、建设部（1995）971 号文,采用分档差额累进计费制,具体标准如表 9-1 所列。

评估服务费的收费标准　　　　　　　表 9-1

档次	房地产价格总额（万元）	累进计费率（‰）
1	100 以下（含 100）	5

续表

档次	房地产价格总额（万元）	累进计费率（‰）
2	101 以上至 1000	2.5
3	1001 以上至 2000	1.5
4	2001 以上至 5000	0.8
5	5001 以上至 8000	0.4
6	8001 以上至 10000	0.2
7	10000 以上	0.1

2. 计算评估服务费

（2007）第 061 号评估项目的房地产价格总额为 958800 元，依据上述计费标准，应收的评估服务费为：$958800 \times 5‰ = 4794$ 元。

（2007）第 065 号评估项目的房地产价格总额为 866800 元，依据上述计费标准，应收的评估服务费为：$866800 \times 5‰ = 4334$ 元。

（2007）第 073 号评估项目的房地产价格总额为 3700000 元，依据上述计费标准，应收的评估服务费为：$1000000 \times 5‰ + 2700000 \times 2.5‰ = 11750$ 元。

（2007）第 075 号评估项目的房地产价格总额为 10807000 元，依据上述计费标准，应收的评估服务费为：$1000000 \times 5‰ + 9000000 \times 2.5‰ + 807000 \times 1.5‰ = 28711$ 元。

9.3.4 估价资料归档

估价报告向委托人出具后，估价人员和估价机构应及时对涉及该估价项目的一切必要的文字、图表、声像等不同形式的资料进行整理，并将它们分类保存起来，即归档。

估价资料归档的目的是建立资料库和备案，以方便今后的估价及管理工作。估价资料归档有助于估价机构和估价人员不断提高估价水平，也有助于解决日后可能发生的估价纠纷，还有助于行政主管部门和行业组织对估价机构进行资质审查和考核。

应归档的估价资料包括：①估价机构与委托人签订的估价委托合同；②估价机构向委托人出具的估价报告（包括附件）；③实地查勘记录；④估价项目来源和接洽情况记录；⑤估价过程中的不同意见和估价报告定稿之前的重大调整或修改意见记录；⑥估价报告审校记录；⑦估价人员和估价机构认为有必要保存的其他估价资料。

估价机构应建立估价资料管理制度，保证估价资料妥善保管、有序存放、方便查阅，严防毁损、散失和泄密。估价资料的保管期限从估价报告出具之日起计算，一般应在 15 年以上。

[任务拓展]

（1）依据估价报告的编写要求，撰写（2007）第065号评估项目、（2007）第073号评估项目和（2007）第075号评估项目的估价报告。

（2）试计算：若一个评估项目的房地产评估价格为28866000元，则应收估价服务费多少元？

附录1

《房地产估价机构管理办法》

房地产估价机构管理办法

第一章 总 则

第一条 为了规范房地产估价机构行为,维护房地产估价市场秩序,保障房地产估价活动当事人合法权益,根据《中华人民共和国城市房地产管理法》、《中华人民共和国行政许可法》和《国务院对确需保留的行政审批项目设定行政许可的决定》等法律、行政法规,制定本办法。

第二条 在中华人民共和国境内申请房地产估价机构资质,从事房地产估价活动,对房地产估价机构实施监督管理,适用本办法。

第三条 本办法所称房地产估价机构,是指依法设立并取得房地产估价机构资质,从事房地产估价活动的中介服务机构。

本办法所称房地产估价活动,包括土地、建筑物、构筑物、在建工程、以房地产为主的企业整体资产、企业整体资产中的房地产等各类房地产评估,以及因转让、抵押、城镇房屋拆迁、司法鉴定、课税、公司上市、企业改制、企业清算、资产重组、资产处置等需要进行的房地产评估。

第四条 房地产估价机构从事房地产估价活动,应当坚持独立、客观、公正的原则,执行房地产估价规范和标准。

房地产估价机构依法从事房地产估价活动,不受行政区域、行业限制。任何组织或者个人不得非法干预房地产估价活动和估价结果。

第五条 国务院建设行政主管部门负责全国房地产估价机构的监督管理工作。

省、自治区人民政府建设行政主管部门、直辖市人民政府房地产行政主管部门负责本行政区域内房地产估价机构的监督管理工作。

市、县人民政府房地产行政主管部门负责本行政区域内房地产估价机构的监督管理工作。

第六条 房地产估价行业组织应当加强房地产估价行业自律管理。

鼓励房地产估价机构加入房地产估价行业组织。

第二章 估价机构资质核准

第七条 房地产估价机构资质等级分为一、二、三级。

国务院建设行政主管部门负责一级房地产估价机构资质许可。

省、自治区人民政府建设行政主管部门、直辖市人民政府房地产行政主管部门负责二、三级房地产估价机构资质许可，并接受国务院建设行政主管部门的指导和监督。

第八条 房地产估价机构应当由自然人出资，以有限责任公司或者合伙企业形式设立。

第九条 各资质等级房地产估价机构的条件如下：

（一）一级资质

1. 机构名称有房地产估价或者房地产评估字样；

2. 从事房地产估价活动连续6年以上，且取得二级房地产估价机构资质3年以上；

3. 有限责任公司的注册资本人民币200万元以上，合伙企业的出资额人民币120万元以上；

4. 有15名以上专职注册房地产估价师；

5. 在申请核定资质等级之日前3年平均每年完成估价标的物建筑面积50万m^2以上或者土地面积25万m^2以上；

6. 法定代表人或者执行合伙人是注册后从事房地产估价工作3年以上的专职注册房地产估价师；

7. 有限责任公司的股东中3名以上、合伙企业的合伙人中有2名以上专职注册房地产估价师，股东或者合伙人中有一半以上是注册后从事房地产估价工作3年以上的专职注册房地产估价师；

8. 有限责任公司的股份或者合伙企业的出资额中专职注册房地产估价师的股份或者出资额合计不低于60%；

9. 有固定的经营服务场所；

10. 估价质量管理、估价档案管理、财务管理等各项企业内部管理制度健全；

11. 随机抽查的1份房地产估价报告符合《房地产估价规范》的要求；

12. 在申请核定资质等级之日前3年内无本办法第三十二条禁止的行为。

（二）二级资质

1. 机构名称有房地产估价或者房地产评估字样；

2. 取得三级房地产估价机构资质后从事房地产估价活动连续 4 年以上；

3. 有限责任公司的注册资本人民币 100 万元以上，合伙企业的出资额人民币 60 万元以上；

4. 有 8 名以上专职注册房地产估价师；

5. 在申请核定资质等级之日前 3 年平均每年完成估价标的物建筑面积 30 万 m^2 以上或者土地面积 15 万 m^2 以上；

6. 法定代表人或者执行合伙人是注册后从事房地产估价工作 3 年以上的专职注册房地产估价师；

7. 有限责任公司的股东中有 3 名以上、合伙企业的合伙人中有 2 名以上专职注册房地产估价师，股东或者合伙人中有一半以上是注册后从事房地产估价工作 3 年以上的专职注册房地产估价师；

8. 有限责任公司的股份或者合伙企业的出资额中专职注册房地产估价师的股份或者出资额合计不低于 60%；

9. 有固定的经营服务场所；

10. 估价质量管理、估价档案管理、财务管理等各项企业内部管理制度健全；

11. 随机抽查的 1 份房地产估价报告符合《房地产估价规范》的要求；

12. 在申请核定资质等级之日前 3 年内无本办法第三十二条禁止的行为。

（三）三级资质

1. 机构名称有房地产估价或者房地产评估字样；

2. 有限责任公司的注册资本人民币 50 万元以上，合伙企业的出资额人民币 30 万元以上；

3. 有 3 名以上专职注册房地产估价师；

4. 在暂定期内完成估价标的物建筑面积 8 万 m^2 以上或者土地面积 3 万 m^2 以上；

5. 法定代表人或者执行合伙人是注册后从事房地产估价工作 3 年以上的专职注册房地产估价师；

6. 有限责任公司的股东中有 2 名以上、合伙企业的合伙人中有 2 名以上专职注册房地产估价师，股东或者合伙人中有一半以上是注册后从事房地产估价工作 3 年以上的专职注册房地产估价师；

7. 有限责任公司的股份或者合伙企业的出资额中专职注册房地产估价师的股份或者出资额合计不低于 60%；

8. 有固定的经营服务场所；

9. 估价质量管理、估价档案管理、财务管理等各项企业内部管理制度健全；

10. 随机抽查的 1 份房地产估价报告符合《房地产估价规范》的要求；

11. 在申请核定资质等级之日前 3 年内无本办法第三十二条禁止的行为。

第十条 申请核定房地产估价机构资质等级，应当如实向资质许可机关提交下列材料：

（一）房地产估价机构资质等级申请表（一式二份，加盖申报机构公章）；

（二）房地产估价机构原资质证书正本复印件、副本原件；

（三）营业执照正、副本复印件（加盖申报机构公章）；

（四）出资证明复印件（加盖申报机构公章）；

（五）法定代表人或者执行合伙人的任职文件复印件（加盖申报机构公章）；

（六）专职注册房地产估价师证明；

（七）固定经营服务场所的证明；

（八）经工商行政管理部门备案的公司章程或者合伙协议复印件（加盖申报机构公章）及有关估价质量管理、估价档案管理、财务管理等企业内部管理制度的文件、申报机构信用档案信息；

（九）随机抽查的在申请核定资质等级之日前3年内申报机构所完成的1份房地产估价报告复印件（一式二份，加盖申报机构公章）。

申请人应当对其提交的申请材料实质内容的真实性负责。

第十一条 新设立的中介服务机构申请房地产估价机构资质的，应当提供第十条第（一）项、第（三）项至第（八）项材料。

新设立中介服务机构的房地产估价机构资质等级应当核定为三级资质，设1年的暂定期。

第十二条 申请核定一级房地产估价机构资质的，应当向省、自治区人民政府建设行政主管部门、直辖市人民政府房地产行政主管部门提出申请，并提交本办法第十条规定的材料。

省、自治区人民政府建设行政主管部门、直辖市人民政府房地产行政主管部门应当自受理申请之日起20日内审查完毕，并将初审意见和全部申请材料报国务院建设行政主管部门。

国务院建设行政主管部门应当自受理申请材料之日起20日内作出决定。

第十三条 二、三级房地产估价机构资质由设区的市人民政府房地产行政主管部门初审，具体许可程序及办理期限由省、自治区人民政府建设行政主管部门、直辖市人民政府房地产行政主管部门依法确定。

省、自治区人民政府建设行政主管部门、直辖市人民政府房地产行政主管部门应当在作出资质许可决定之日起10日内，将准予资质许可的决定报国务院建设行政主管部门备案。

第十四条 房地产估价机构资质证书分为正本和副本，由国务院建设行政主管部门统一印制，正、副本具有同等法律效力。

房地产估价机构遗失资质证书的，应当在公众媒体上声明作废后，申请补办。

第十五条 房地产估价机构资质有效期为3年。

资质有效期届满，房地产估价机构需要继续从事房地产估价活动的，应当在资质有效期届满30日前向资质许可机关提出资质延续申请。资质许可机关应当根据申请作出是否准予延续的决定。准予延续的，有效期延续3年。

在资质有效期内遵守有关房地产估价的法律、法规、规章、技术标准和职业道德的房地产估价机构，经原资质许可机关同意，不再审查，有效期延续3年。

第十六条 房地产估价机构的名称、法定代表人或者执行合伙人、注册资本或者出资额、组织形式、住所等事项发生变更的，应当在工商行政管理部门办理变更手续后 30 日内，到资质许可机关办理资质证书变更手续。

第十七条 房地产估价机构合并的，合并后存续或者新设立的房地产估价机构可以承继合并前各方中较高的资质等级，但应当符合相应的资质等级条件。

房地产估价机构分立的，只能由分立后的一方房地产估价机构承继原房地产估价机构资质，但应当符合原房地产估价机构资质等级条件。承继原房地产估价机构资质的一方由各方协商确定；其他各方按照新设立的中介服务机构申请房地产估价机构资质。

第十八条 房地产估价机构的工商登记注销后，其资质证书失效。

第三章 分支机构的设立

第十九条 一级资质房地产估价机构可以按照本办法第二十条的规定设立分支机构。二、三级资质房地产估价机构不得设立分支机构。

分支机构应当以设立该分支机构的房地产估价机构的名义出具估价报告，并加盖该房地产估价机构公章。

第二十条 分支机构应当具备下列条件：

（一）名称采用"房地产估价机构名称＋分支机构所在地行政区划名＋分公司（分所）"的形式；

（二）分支机构负责人应当是注册后从事房地产估价工作 3 年以上并无不良执业记录的专职注册房地产估价师；

（三）在分支机构所在地有 3 名以上专职注册房地产估价师；

（四）有固定的经营服务场所；

（五）估价质量管理、估价档案管理、财务管理等各项内部管理制度健全。

注册于分支机构的专职注册房地产估价师，不计入设立分支机构的房地产估价机构的专职注册房地产估价师人数。

第二十一条 新设立的分支机构，应当自领取分支机构营业执照之日起 30 日内，到分支机构工商注册所在地的省、自治区人民政府建设行政主管部门、直辖市人民政府房地产行政主管部门备案。

省、自治区人民政府建设行政主管部门、直辖市人民政府房地产行政主管部门应当在接受备案后 10 日内，告知分支机构工商注册所在地的市、县人民政府房地产行政主管部门，并报国务院建设行政主管部门备案。

第二十二条 分支机构备案，应当提交下列材料：

（一）分支机构的营业执照复印件；

（二）房地产估价机构资质证书正本复印件；

（三）分支机构及设立该分支机构的房地产估价机构负责人的身份证明；

（四）拟在分支机构执业的专职注册房地产估价师注册证书复印件。

第二十三条 分支机构变更名称、负责人、住所等事项或房地产估价机构撤销分支机构，应当在工商行政管理部门办理变更或者注销登记手续后 30 日内，报原备案机关备案。

第四章　估价管理

第二十四条　从事房地产估价活动的机构，应当依法取得房地产估价机构资质，并在其资质等级许可范围内从事估价业务。

一级资质房地产估价机构可以从事各类房地产估价业务。

二级资质房地产估价机构可以从事除公司上市、企业清算以外的房地产估价业务。

三级资质房地产估价机构可以从事除公司上市、企业清算、司法鉴定以外的房地产估价业务。

暂定期内的三级资质房地产估价机构可以从事除公司上市、企业清算、司法鉴定、城镇房屋拆迁、在建工程抵押以外的房地产估价业务。

第二十五条　房地产估价业务应当由房地产估价机构统一接受委托，统一收取费用。

房地产估价师不得以个人名义承揽估价业务，分支机构应当以设立该分支机构的房地产估价机构名义承揽估价业务。

第二十六条　房地产估价机构及执行房地产估价业务的估价人员与委托人或者估价业务相对人有利害关系的，应当回避。

第二十七条　房地产估价机构承揽房地产估价业务，应当与委托人签订书面估价委托合同。

估价委托合同应当包括下列内容：

（一）委托人的名称或者姓名和住所；
（二）估价机构的名称和住所；
（三）估价对象；
（四）估价目的；
（五）估价时点；
（六）委托人的协助义务；
（七）估价服务费及其支付方式；
（八）估价报告交付的日期和方式；
（九）违约责任；
（十）解决争议的方法。

第二十八条　房地产估价机构未经委托人书面同意，不得转让受托的估价业务。

经委托人书面同意，房地产估价机构可以与其他房地产估价机构合作完成估价业务，以合作双方的名义共同出具估价报告。

第二十九条　委托人及相关当事人应当协助房地产估价机构进行实地查勘，如实向房地产估价机构提供估价所必需的资料，并对其所提供资料的真实性负责。

第三十条 房地产估价机构和注册房地产估价师因估价需要向房地产行政主管部门查询房地产交易、登记信息时,房地产行政主管部门应当提供查询服务,但涉及国家秘密、商业秘密和个人隐私的内容除外。

第三十一条 房地产估价报告应当由房地产估价机构出具,加盖房地产估价机构公章,并有至少2名专职注册房地产估价师签字。

第三十二条 房地产估价机构不得有下列行为:
(一)涂改、倒卖、出租、出借或者以其他形式非法转让资质证书;
(二)超越资质等级业务范围承接房地产估价业务;
(三)以迎合高估或者低估要求、给予回扣、恶意压低收费等方式进行不正当竞争;
(四)违反房地产估价规范和标准;
(五)出具有虚假记载、误导性陈述或者重大遗漏的估价报告;
(六)擅自设立分支机构;
(七)未经委托人书面同意,擅自转让受托的估价业务;
(八)法律、法规禁止的其他行为。

第三十三条 房地产估价机构应当妥善保管房地产估价报告及相关资料。

房地产估价报告及相关资料的保管期限自估价报告出具之日起不得少于10年。保管期限届满而估价服务的行为尚未结束的,应当保管到估价服务的行为结束为止。

第三十四条 除法律、法规另有规定外,未经委托人书面同意,房地产估价机构不得对外提供估价过程中获知的当事人的商业秘密和业务资料。

第三十五条 房地产估价机构应当加强对执业人员的职业道德教育和业务培训,为本机构的房地产估价师参加继续教育提供必要的条件。

第三十六条 县级以上人民政府房地产行政主管部门应当依照有关法律、法规和本办法的规定,对房地产估价机构和分支机构的设立、估价业务及执行房地产估价规范和标准的情况实施监督检查。

第三十七条 县级以上人民政府房地产行政主管部门履行监督检查职责时,有权采取下列措施:
(一)要求被检查单位提供房地产估价机构资质证书、房地产估价师注册证书,有关房地产估价业务的文档,有关估价质量管理、估价档案管理、财务管理等企业内部管理制度的文件;
(二)进入被检查单位进行检查,查阅房地产估价报告以及估价委托合同、实地查勘记录等估价相关资料;
(三)纠正违反有关法律、法规和本办法及房地产估价规范和标准的行为。

县级以上人民政府房地产行政主管部门应当将监督检查的处理结果向社会公布。

第三十八条 县级以上人民政府房地产行政主管部门进行监督检查时,应当有2名以上监督检查人员参加,并出示执法证件,不得妨碍被检查单位的正常经营活动，不得索取或者收受财物、谋取其他利益。

有关单位和个人对依法进行的监督检查应当协助与配合，不得拒绝或者阻挠。

第三十九条 房地产估价机构违法从事房地产估价活动的，违法行为发生地的县级以上地方人民政府房地产行政主管部门应当依法查处，并将违法事实、处理结果及处理建议及时报告该估价机构资质的许可机关。

第四十条 有下列情形之一的，资质许可机关或者其上级机关，根据利害关系人的请求或者依据职权，可以撤销房地产估价机构资质：

（一）资质许可机关工作人员滥用职权、玩忽职守作出准予房地产估价机构资质许可的；

（二）超越法定职权作出准予房地产估价机构资质许可的；

（三）违反法定程序作出准予房地产估价机构资质许可的；

（四）对不符合许可条件的申请人作出准予房地产估价机构资质许可的；

（五）依法可以撤销房地产估价机构资质的其他情形。

房地产估价机构以欺骗、贿赂等不正当手段取得房地产估价机构资质的，应当予以撤销。

第四十一条 房地产估价机构取得房地产估价机构资质后，不再符合相应资质条件的，资质许可机关根据利害关系人的请求或者依据职权，可以责令其限期改正；逾期不改的，可以撤回其资质。

第四十二条 有下列情形之一的，资质许可机关应当依法注销房地产估价机构资质：

（一）房地产估价机构资质有效期届满未延续的；

（二）房地产估价机构依法终止的；

（三）房地产估价机构资质被撤销、撤回，或者房地产估价资质证书依法被吊销的；

（四）法律、法规规定的应当注销房地产估价机构资质的其他情形。

第四十三条 资质许可机关或者房地产估价行业组织应当建立房地产估价机构信用档案。

房地产估价机构应当按照要求提供真实、准确、完整的房地产估价信用档案信息。

房地产估价机构信用档案应当包括房地产估价机构的基本情况、业绩、良好行为、不良行为等内容。违法行为、被投诉举报处理、行政处罚等情况应当作为房地产估价机构的不良记录记入其信用档案。

房地产估价机构的不良行为应当作为该机构法定代表人或者执行合伙人的不良行为记入其信用档案。

任何单位和个人有权查阅信用档案。

第五章 法律责任

第四十四条 申请人隐瞒有关情况或者提供虚假材料申请房地产估价机构资

质的，资质许可机关不予受理或者不予行政许可，并给予警告，申请人在1年内不得再次申请房地产估价机构资质。

第四十五条 以欺骗、贿赂等不正当手段取得房地产估价机构资质的，由资质许可机关给予警告，并处1万元以上3万元以下的罚款，申请人3年内不得再次申请房地产估价机构资质。

第四十六条 未取得房地产估价机构资质从事房地产估价活动或者超越资质等级承揽估价业务的，出具的估价报告无效，由县级以上人民政府房地产行政主管部门给予警告，责令限期改正，并处1万元以上3万元以下的罚款；造成当事人损失的，依法承担赔偿责任。

第四十七条 违反本办法第十六条规定，房地产估价机构不及时办理资质证书变更手续的，由资质许可机关责令限期办理；逾期不办理的，可处1万元以下的罚款。

第四十八条 有下列行为之一的，由县级以上人民政府房地产行政主管部门给予警告，责令限期改正，并可处1万元以上2万元以下的罚款：

（一）违反本办法第十九条第一款规定设立分支机构的；

（二）违反本办法第二十条规定设立分支机构的；

（三）违反本办法第二十一条第一款规定，新设立的分支机构不备案的。

第四十九条 有下列行为之一的，由县级以上人民政府房地产行政主管部门给予警告，责令限期改正；逾期未改正的，可处5千元以上2万元以下的罚款；给当事人造成损失的，依法承担赔偿责任：

（一）违反本办法第二十五条规定承揽业务的；

（二）违反本办法第二十八条第一款规定，擅自转让受托的估价业务的；

（三）违反本办法第十九条第二款、第二十八条第二款、第三十一条规定出具估价报告的。

第五十条 违反本办法第二十六条规定，房地产估价机构及其估价人员应当回避未回避的，由县级以上人民政府房地产行政主管部门给予警告，责令限期改正，并可处1万元以下的罚款；给当事人造成损失的，依法承担赔偿责任。

第五十一条 违反本办法第三十条规定，房地产行政主管部门拒绝提供房地产交易、登记信息查询服务的，由其上级房地产行政主管部门责令改正。

第五十二条 房地产估价机构有本办法第三十二条行为之一的，由县级以上人民政府房地产行政主管部门给予警告，责令限期改正，并处1万元以上3万元以下的罚款；给当事人造成损失的，依法承担赔偿责任；构成犯罪的，依法追究刑事责任。

第五十三条 违反本办法第三十四条规定，房地产估价机构擅自对外提供估价过程中获知的当事人的商业秘密和业务资料，给当事人造成损失的，依法承担赔偿责任；构成犯罪的，依法追究刑事责任。

第五十四条 资质许可机关有下列情形之一的，由其上级行政主管部门或者监察机关责令改正，对直接负责的主管人员和其他直接责任人员依法给予处分；

构成犯罪的，依法追究刑事责任：

（一）对不符合法定条件的申请人准予房地产估价机构资质许可或者超越职权作出准予房地产估价机构资质许可决定的；

（二）对符合法定条件的申请人不予房地产估价机构资质许可或者不在法定期限内作出准予房地产估价机构资质许可决定的；

（三）利用职务上的便利，收受他人财物或者其他利益的；

（四）不履行监督管理职责，或者发现违法行为不予查处的。

第六章 附 则

第五十五条 本办法自2005年12月1日起施行。1997年1月9日建设部颁布的《关于房地产价格评估机构资格等级管理的若干规定》（建房〔1997〕12号）同时废止。

本办法施行前建设部发布的规章的规定与本办法的规定不一致的，以本办法为准。

附录2

住宅房地产转让价格评估报告样例

房地产转让价格评估报告

估价项目名称：广州市海珠区逸景翠园叠景轩 D 座 803 房地产转让价格评估
委托方：马凌涛
估价方：广东衡立房地产评估有限公司
估价人员：张诚　李汉　王丽　刘小评
估价作业日期：2007 年 5 月 10 日至 2007 年 5 月 14 日
估价报告编号：衡立估字（2007）第 061 号

目录：[略]

一、致委托方函

马凌涛先生：

我公司接受你方的委托，对位于广州市海珠区逸景翠园叠景轩 D 座 803 房的房地产转让价格进行了评估，估价对象的建筑面积为 $102m^2$，占地面积为 $11m^2$。

根据有关房地产估价的法律法规，本着独立、客观、公正、合法、谨慎的原则，按照估价程序，利用科学的估价方法，在认真分析现有资料的基础上，经过周密准确的测算，并详细考虑了影响房地产价格的各项因素，确定估价对象在估价时点 2007 年 5 月 10 日的估价结果为：

总　　价：958800 元，人民币大写：玖拾伍万捌仟捌佰元整

单　　价：9400 元／m²

广东衡立房地产评估有限公司
法定代表人：刘庆（签字、盖章）
2007 年 5 月 14 日

二、估价师声明

我们郑重声明：

1. 我们在本估价报告中陈述的事实是真实的和准确的。

2. 本估价报告中的分析、意见和结论是我们自己公正的专业分析、意见和结论，但受到本估价报告中已说明的假设和限制条件的限制。

3. 我们与本估价报告中的估价对象没有利害关系，与有关当事人也没有个人利害关系或偏见。

4. 我们依照中华人民共和国国家标准《房地产估价规范》GB／T 50291—1999 进行分析，形成意见和结论，撰写本估价报告。

5. 估价人员已对本估价报告中的估价对象进行了实地查勘。

6. 没有人对本估价报告提供重要专业帮助。

7. 本估价报告由广东衡立房地产评估有限公司负责解释。

8. 本估价报告仅作为委托方在本次估价目的下使用，不得作其他用途。未经我公司书面同意，本估价报告的全部或任何一部分内容均不得向委托方、报告使用者和报告审查部门之外的单位和个人提供，也不得以任何形式公开发表。

9. 本报告附件是本报告的重要组成部分，使用本报告时请仔细阅读附件。本报告必须完整使用，对仅使用报告中的部分内容而导致的有关纠纷和损失，本估价机构和估价师不承担任何法律责任。

注册房地产估价师	证书编号	估价师签字
李汉	0013005	
张诚	0023425	

三、估价的假设和限制条件

1. 本次估价以委托方提供的资料为依据，其真实性、可靠性由委托方承担。

2. 本次估价是建立在对估价对象最高最佳使用原则的基础上的。

3. 本估价报告所列结果是反映估价对象在本次估价目的下，根据公开市场原则确定的现行市价，未考虑国家宏观经济政策发生变化及不可抗力对房地产价格的影响，若前述条件以及估价中遵循的估价原则发生变化时，估价结果会失效。

4. 根据委托方提供的《房地产权证》确定估价对象为马凌涛所有，本次估价以前述《房地产权证》中所载的建筑面积数为准。

5. 根据本次估价目的，本次估价结果包含室内装修的价值。

本次估价时，估价人员对估价对象外貌进行了勘察，并在可能条件下对其内部结构进行了视察，然而未使用专业检测仪器对其结构进行测量，故无法呈报估价对象结构的详细状况，亦未对有关设备进行测试。

四、估价结果报告

（一）委托方

马凌涛

地址：广东省广州市海珠区逸景翠园叠景轩 D 座 803 房

（二）估价方

广东衡立房地产评估有限公司（被委托方）

地址：广东省广州市海珠区新港中路财智大厦 38 楼

法定代表人：刘庆

资格级别：二级

证书编号：20002368 号

（三）估价对象

[此处概要说明估价对象的状况，包括物质实体状况和权益状况。其中，对土地的说明应包括：名称，坐落，面积，形状，四至、周围环境、景观，基础设施完备程度，土地平整程度，地势，地质、水文状况，规划限制条件，利用现状，权属状况；对建筑物的说明应包括：名称，坐落，面积，层数，建筑结构，装修，设施设备，平面布置，工程质量，建成年月，维护、保养、使用情况，公共配套设施完备程度，利用现状，权属状况。略]

（四）估价目的

为房地产转让提供参考依据而评估房地产转让价格。

（五）估价时点

本次估价的估价时点为 2007 年 5 月 10 日。

（六）价值定义

本次估价的房地产转让价格为估价对象在估价时点 2007 年 5 月 10 日的市场价格。

（七）估价依据

1. 《中华人民共和国土地管理法》。
2. 《中华人民共和国城市房地产管理法》。
3. 《房地产估价规范》GB/T 50291—1999。
4. 委托方提供的《房地产权证》。
5. 我公司掌握的有关资料及估价人员实地勘察所获取的资料。

（八）估价原则

合法原则：应以估价对象的合法使用、合法处分为前提估价。

最高最佳使用原则：应以估价对象的最高最佳使用为前提估价。

替代原则：要求估价结果不得明显偏离类似房地产在同等条件下的正常价格。

估价时点原则：要求估价结果应是估价对象在估价时点的客观合理价格或价值。

（九）估价方法

根据国家有关房地产估价的规定，遵循估价原则，依据估价目的，并结合估价对象的特点和我们掌握的资料，确定采用"市场比较法"和"收益法"进行估价。

估价对象所在区域较为成熟，其市场化程度较高，居住用途的房地产交易案例容易搜集，故可选用市场比较法。另外居住类型的房地产为有收益的物业，适宜使用收益法进行估价。

市场比较法：将估价对象与在估价时点的近期有过交易的类似房地产进行比较，对这些类似房地产的已知价格作适当的修正，以此估算估价对象的客观合理价格的方法。

收益法：预计估价对象未来的正常净收益，选用适当的资本化率将其折现到估价时点后累加，以此估算估价对象的客观合理价格的方法。

（十）估价结果

估价对象房地产在估价时点 2007 年 5 月 10 日的估价结果如下：

总　　价：958800 元，人民币大写：玖拾伍万捌仟捌佰元整

单　　价：9400 元/m^2

（十一）估价人员

张诚　　李汉　　王丽　　小评

（十二）估价作业日期

2007 年 5 月 10 日至 2007 年 5 月 14 日

（十三）估价报告应用的有效期

本估价报告有效期为一年，即 2007 年 5 月 10 日至 2008 年 5 月 10 日。

广东衡立房地产评估有限公司
2007 年 5 月 14 日

五、附　件

1. 委托方提供的《房地产权证》。
2. 估价对象位置示意图。
3. 评估机构营业执照复印件。
4. 房地产价格评估机构资格证书复印件。
5. 房地产估价师执业资格证书复印件。

六、估价技术报告

（一）个别因素分析

［略］

（二）区域因素分析

[略]

（三）市场背景分析

[略]

（四）最高最佳使用分析

房地产估价要以房地产的最高最佳使用为前提。

本次估价目的为确定估价对象在估价时点的公开市场价格，为委托方了解房地产现值提供价格参考依据。因此以保持现状为前提进行估价。

（五）估价方法选用

根据估价对象的特点，我们采用市场比较法、收益法进行评估。理由如下：

估价对象所在区域较为成熟，其市场化程度较高，居住用途的房地产交易案例容易搜集，故可选用市场比较法。另外居住类型的房地产为有收益的物业，适宜使用收益法进行估价。

市场比较法：将估价对象与在估价时点的近期有过交易的类似房地产进行比较，对这些类似房地产的已知价格作适当的修正，以此估算估价对象的客观合理价格的方法。

收益法：预计估价对象未来的正常净收益，选用适当的资本化率将其折现到估价时点后累加，以此估算估价对象的客观合理价格的方法。

（六）估价测算过程

1. 市场比较法

（1）比较实例选择

从我们掌握的资料中选择三个房地产用途相同，区位接近的可比实例进行比较。

估价对象与可比实例的对比　　　　　　　　表1

项目	可比实例A	可比实例B	可比实例C	估价对象
位置	逸景翠园倚翠轩 E座602房	逸景翠园碧湖轩 B座705房	逸景翠园绿榆轩 A座303房	逸景翠园叠景轩 D座803房
建筑面积（m^2）	100	93	91	102
交易日期	2007.4.5	2007.3.2	2007.2.10	—
交易情况	正常交易	买方税率5%，卖方税率7%，税费均由买方负担	急售	—
成交价格（元/m^2）	9000	8500	8800	—
付款方式	首付六成，余款半年后支付，年利率5%	一次性付款	一次性付款	
交通条件	距公交站300m	距公交站250m	距公交站100m	距公交站100m

续表

市政设施	完善	完善	完善	完善
公共设施	完善	完善	完善	完善
环境质量	优良	优良	较好	较好
内部格局	间隔方正，布局合理	间隔方正，布局合理	间隔方正，布局合理	间隔方正，布局合理
装修	质量好，普通	质量好，普通	质量好，普通	质量好，普通
朝向	东南	西南	南	东南

（2）为可比实例 A 建立价格可比基础

可比实例 A 的交易单价为 9000 元/m²，其中首期付款 60%，余款于半年后支付，年利率为 5%，为建立价格可比基础，需要将其分期付款的价格换算成在成交日期一次付清的价格，计算如下：

$$9000 \times 60\% + 9000 \times (1-60\%)/(1+5\%)^{0.5} = 8913 \ 元/m^2$$

（3）进行交易情况修正

可比实例 A 为正常交易，不用进行修正，或者说可比实例 A 的交易情况修正系数为 1。

可比实例 B 税费为非正常负担，应进行修正。因为买卖双方税费均由买方负担，成交价格 8500 元/m² 是卖方实际得到的价格。由于：

卖方实际得到的价格 = 正常成交价格 - 应由卖方负担的税费

应由卖方负担的税费 = 正常成交价格 × 卖方税率

所以，卖方实际得到的价格 = 正常成交价格 × (1 - 卖方税率)

卖方实际得到的价格 × 1/(1 - 卖方税率) = 正常成交价格

因此，可比实例 B 的正常成交价格可计算为：

$$8500 \times 1/(1-7\%) = 9140 \ 元/m^2$$

其中 1/(1-7%) 为可比实例 B 的交易情况修正系数。

可比实例 C 交易情况为急售，这种情况下其成交价格往往偏低，根据估价师的分析，其价格比正常价格偏低 5%，因此其交易情况修正系数为 1/(1-5%)，可比实例 C 的正常成交价格可计算为：

$$8800 \times 1/(1-5\%) = 9263 \ 元/m^2$$

（4）进行交易日期调整

待估房地产所在地广州市海珠区 2007 年 1~5 月的住宅房地产环比价格指数，如下表 2 所示，由于估价时点为 2007 年 5 月 10 日，故采用环比价格指数法对可比实例进行交易日期调整，调整过程如下。

广州市海珠区 2007 年 1~5 月住宅房地产环比价格指数表　　　　表2

时间	2007 年 1 月	2007 年 2 月	2007 年 3 月	2007 年 4 月	2007 年 5 月
环比价格指数	107.6	101.6	100.7	102.4	101.6

①可比实例 A 成交日期为 2007 年 4 月 5 日，其交易日期调整：
$$8913 \times 101.6/100 = 9056 \text{ 元}/m^2$$
其中 101.6/100 为可比实例 A 的交易日期调整系数。

②可比实例 B 成交日期为 2007 年 3 月 2 日，其交易日期调整：
$$8500 \times 102.4/100 \times 101.6/100 = 8843 \text{ 元}/m^2$$
其中 102.4/100 × 101.6/100 为可比实例 B 的交易日期调整系数。

③可比实例 C 成交日期为 2007 年 2 月 10 日，其交易日期调整：
$$8800 \times 100.7/100 \times 102.4/100 \times 101.6/100 = 9219 \text{ 元}/m^2$$
其中 100.7/100 × 102.4/100 × 101.6/100 为可比实例 C 的交易日期调整系数。

(5) 进行房地产状况调整

与待估房地产相比，可比实例 A 距公交站点稍远，但环境质量方面占优势，噪声会小些，其他方面两者相同。经以上对房地产状况的分析，认为可比实例 A 比待估房地产价格低 3%。类似地，经分析认为可比实例 B 比待估房地产价格低 2%、可比实例 C 比待估房地产价格高 2%。因此，确定可比实例 A、B、C 的房地产状况修正系数分别为 1/(1-3%)、1/(1-2%)、1/(1+2%)。

(6) 求取可比实例比准价格

三个可比实例的成交价格及其相应的交易情况修正系数、交易日期调整系数、房地产状况调整系数，分别代入上式，三个可比实例比准价格计算如下：

①可比实例 A 的比准价格 = 8913 × 1 × 101.6/100 × 1/(1-3%)
$$= 9336 \text{ 元}/m^2$$

②可比实例 B 的比准价格 = 8500 × 1/(1-7%) × 102.4/100 × 101.6/100
$$\times 1/(1-2\%)$$
$$= 9703 \text{ 元}/m^2$$

③可比实例 C 的比准价格 = 8800 × 1/(1-5%) × 100.7/100 × 102.4/100
$$\times 101.6/100 \times 1/(1+2\%)$$
$$= 9514 \text{ 元}/m^2$$

(7) 求取最终比准价格

考虑到可比实例 A 在位置上与待估房地产最邻近、房地产状况最相似、成交日期与估价时点最接近，而可比实例 B 次之，可比实例 C 更次之，估价师在确定最终比准价格时，赋予可比实例 A、B、C 的比准价格以不同的权重，分别为 0.5、0.3、0.2，采用加权平均法，确定待估房地产的最终比准价格为：
$$9336 \times 0.5 + 9703 \times 0.3 + 9514 \times 0.2 = 9482 \text{ 元}/m^2$$

2. 收益法

略，评估结果为：房地产单价 = 9280 元/m^2。

(七) 估价结果的确定

从上述两种估价方法看，各自有其特点，根据该项目的实际情况和估价目的要求，经权衡，估价师确定待估房地产单价为 9400 元/m^2，因此待估房地产的总价为：
$$9400 \times 102 = 958800 \text{ 元}$$

参 考 文 献

[1] 中国房地产估价师学会. 房地产估价理论与实务. 北京：中国建筑工业出版社, 2004.
[2] 薛红霞. 广东省土地估价实用技术指引. 广州：广东经济出版社, 2006.
[3] 国土资源部土地估价师资格考试委员会. 土地估价理论与方法. 北京：地质出版社, 2000.